FRANÇOISE GASPARD
CLAUDE SERVAN-SCHREIBER

LA FIN DES IMMIGRÉS

ÉDITIONS DU SEUIL
*27, rue Jacob, Paris VIe*

ISBN 2-02-006758-7.

« C'est un crime d'égarer l'opinion. »
Émile Zola.

Avant-propos

Le soir du 14 mars 1983, je suis rentrée chez moi, inquiète plus qu'heureuse. Je venais de commenter, sur la radio locale, les résultats des élections municipales à Dreux : la veille, la liste de gauche « Vivre ensemble » que je conduisais avait remporté la victoire « à l'arraché ». Huit voix d'avance.

Pour la première fois depuis des semaines, je n'avais devant moi ni réunion, ni meeting, ni dîner de travail. Je voulais en profiter pour réfléchir à ce qui venait de se dérouler dans ma ville, tenter d'analyser ce sentiment de peur que j'éprouvais pour elle, pour ses habitants.

J'étais seule dans ma voiture. Sur le parking, devant l'immeuble que j'habite au centre de Dreux, j'ai vu deux hommes rôder. A leur allure, j'ai deviné que c'était moi qu'ils attendaient. Ce n'était pas la première fois. Les manœuvres d'intimidation étaient devenues mon lot presque quotidien. Roues de voiture dévissées, coups de feu dans la nuit... Ces agressions avaient cessé de m'émouvoir tant elles étaient répétitives. La nuit précédente, encore, des voix anonymes avaient, au téléphone, réveillé mes parents : « Vous pouvez préparer le cercueil de votre fille... » L'extrême droite, présente sur la liste d'opposition, avait publiquement promis « d'avoir ma peau ». Elle n'était pas parvenue à me battre dans les urnes, mais je savais qu'elle refusait que la campagne s'achève. Avec ses alliés du RPR, elle avait, toute la journée, épluché les listes électorales à la recherche d'erreurs d'émargement qui pourraient conduire à l'annulation des élections. Ces erreurs, elle les trouverait, il y en a toujours. Il y aurait vraisemblablement un troisième tour, qui prolongerait, pendant des mois encore, l'incroyable climat qui s'était abattu sur Dreux.

Décidément, j'avais besoin de réfléchir. Alors, tranquillement j'ai fait demi-tour, pendant que les deux individus qui me voulaient du bien sautaient dans leur voiture, comme au cinéma. Je connais Dreux mieux qu'eux, j'y suis née. Je les ai semés, une fois de plus. Je n'avais plus envie de rentrer. Pas davantage envie d'aller demander l'hospitalité à des amis.

Paris, le soir, est à moins d'une heure de route. Sur la nationale, cette fois, je n'ai pas eu à rouler contre la montre, j'avais la nuit devant moi. Derrière, dans le rétroviseur, je voyais Dreux qui s'éloignait. Et les mois d'une bataille âpre, d'une campagne électorale pas comme les autres. Marquée par l'hystérie, la violence, la violence toute nue.

Pas un instant on n'avait débattu de politique nationale. Normal. A Dreux, les élections locales sont toujours locales. Mais pas un instant, non plus, on n'avait discuté, au fond, de nos six années de gestion. La campagne avait porté, en tout et pour tout, sur la présence des immigrés dans la ville : un quart environ de la population, réduite au silence puisqu'elle ne vote pas. Des hommes, des femmes et des enfants que l'on voulait « renvoyer dans leurs gourbis, de l'autre côté de la Méditerranée ». Comme si c'était acceptable. Comme si c'était possible.

Les immigrés vivent à Dreux depuis longtemps. Ils habitent les plateaux, mêlés aux ouvriers français venus, eux aussi, à l'appel de grosses entreprises implantées au beau temps de la croissance. Français et étrangers connaissent une vie difficile, des fins de mois acrobatiques, l'angoisse du chômage, des logements et un environnement qu'en six ans d'efforts la municipalité de gauche n'a pu complètement transformer, seulement améliorer.

Au début des années quatre-vingt, on n'était pas raciste à Dreux. Enfin, pas vraiment, sauf peut-être du côté d'une petite bourgeoisie frileuse du centre ville, dans les vieux quartiers. Certains anciens Drouais n'ont sans doute jamais accepté que leur cité cesse d'être ce gros bourg rural qu'il était encore dans les années cinquante, où chacun se connaissait, contrôlait son voisin, l'épaulait aussi en cas de besoin. Mais du centre de la ville, on n'aperçoit pas les plateaux, et des plateaux on ne voit pas le centre. Nouveaux venus et vieux Drouais vivaient donc ensemble, de loin, sans se voir ni se connaître. On n'avait pas à se supporter puisqu'on ne se fréquentait pas.

En deux ans, tout a basculé. Le racisme a surgi, une épidémie. Il s'est infiltré dans les cœurs et les cerveaux, il a creusé son trou. Une campagne habilement menée a attisé la peur, la méfiance, le rejet. Elle a désigné les responsables de tous les maux dont souffre une société en crise : les immigrés.

Les incendies allumés dans les caves et dont on n'a jamais retrouvé les auteurs, on a dit que c'était eux. Les déprédations en chaîne, dans les parties communes des immeubles, c'était eux aussi. Les silhouettes inquiétantes, aperçues la nuit traînant autour des voitures en stationnement, c'était eux encore. Des tracts ont expliqué que des voyous maghrébins, venus d'autres quartiers, répandaient la terreur. Qu'ils étaient protégés par la municipalité. Mon directeur de cabinet ne s'appelait-il pas « Ben quelque chose »? Etc.

Les forces de gauche n'ont d'abord pas voulu y croire. Elles dénonçaient le racisme comme une menace lointaine, sans voir qu'il était déjà là. Sans prendre la mesure de ce qui se passait à deux pas; sans combattre l'efficacité perverse du travail de taupe de l'extrême droite et de ses alliés, qui, de porte en porte, se servaient des immigrés pour abattre la gauche. Le soir du premier tour, les militants ont compris qu'il devenait plus urgent de se mobiliser contre la droite que de douter du gouvernement ou de brocarder la mairie. La mobilisation s'est faite. Le 13 mars au soir, nous avons gagné.

Mais, dès le lendemain, j'ai senti que les plaies resteraient béantes.

Le lundi, à Dreux, est un jour de marché. Je m'y suis promenée. J'ai lu dans les regards les bulletins de vote de la veille : un passant sur deux hésitait, en me croisant, entre la gêne et l'aversion. Ce n'était pas ma première campagne et j'avais déjà vécu plusieurs lendemains d'élections, perdues ou gagnées. Cette fois, rien n'était pareil.

Autre chose me frappait : il y avait sur le marché moins d'immigrés que d'habitude. Notre victoire les avait rassurés, mais ils restaient sous le choc. Entre les deux tours de scrutin les leaders de leurs communautés leur avaient donné la consigne d'éviter de sortir en ville, d'éviter de se montrer. On m'avait signalé un absentéisme anormal des enfants étrangers dans les écoles. Au soir du second tour, les immigrés avaient vécu dans l'angoisse l'attente des résultats. Pour quelques centaines de jeunes venus vers vingt heures, place de la Salle-des-Fêtes, guetter le verdict des urnes, prêts à en découdre avec les extrémistes, combien d'autres s'étaient calfeutrés chez eux devant leur poste de télévision? Ce lundi, ils hésitaient encore à se montrer dans une ville où un électeur sur deux avait voté contre eux autant que contre la gauche.

En roulant vers Paris, je m'interrogeais : comment faire pour que les habitants de Dreux ne s'entre-déchirent pas, pour qu'ils apprennent à vivre ensemble? Une partie de la population, ceux que les « Beurs[1] » appellent les « beaufs », excitée par quelques agitateurs professionnels, ne rêve que de provoquer les immigrés. En face, les immigrés vivent dans la honte de la couleur de leur peau, dans la terreur d'être expulsés. Depuis des mois j'avais dit aux Drouais que la haine ne faisait qu'attiser la haine. J'ai vu qu'ils ne m'entendaient pas. J'ai même senti que j'irritais beaucoup de mes amis en défendant aussi fermement le droit des étrangers de séjourner à Dreux. Comment faire comprendre qu'à se taire on devient complice du racisme et des racistes?

J'ai pris la décision vite et de sang-froid : je ne serai plus maire de Dreux. En tout cas, pas cette fois-ci. Pour montrer à ceux qui m'ont combattue comme à ceux qui m'ont soutenue que notre lutte n'est pas une affaire de personne mais un engagement qui va bien au-delà de la conquête d'un siège.

Cette décision m'a été douloureuse : pendant six ans,

1. Ainsi se désignent les Maghrébins enfants d'immigrés arabes ou kabyles. Beur est la première syllabe du mot « Arabe » prononcé à l'envers selon la tradition de l'argot « verlan ».

avec une équipe dévouée, je me suis consacrée totalement à ma ville. Mais il faut du temps et de la liberté pour dire qu'on n'accepte plus que des enfants soient assassinés ou estropiés à vie (comme deux jours plus tôt à Marseille). Ce temps et cette liberté, je les emploierai à convaincre. A expliquer que les immigrés font aussi partie de la France et qu'on doit désormais en tirer toutes les conséquences.

J'ai bien pensé que certains diraient : « elle a craqué ». Cela n'a pas manqué. J'ai pensé aussi que, s'il y avait de nouvelles élections à Dreux et que la gauche les perdait, on m'attribuerait cet échec. Cela n'a pas manqué non plus. Les mêmes d'ailleurs qui avaient dit en mars que, si la gauche n'avait fait qu'un peu plus de 50 % des voix, c'était parce que j'étais tête de liste, ont déclaré que les 45 % de septembre s'expliquaient par le fait que je ne l'étais plus... Peu importe : l'essentiel, à certains moments, est de témoigner.

Dans dix ans peut-être, raconter ce qu'il aura fallu de larmes et de sang pour que les immigrés acquièrent le droit de vivre en paix sera considéré comme une vieille histoire. C'est ce qui s'est passé pour la lutte des femmes. Les avortements clandestins, le procès de Bobigny, les luttes pour la contraception et l'interruption volontaire de grossesse apparaissent aux adolescentes aujourd'hui aussi anachroniques que la bataille de Verdun. Ce n'est pas un hasard si nous avons eu l'idée Claude Servan-Schreiber et moi d'écrire ce livre ensemble. Nous avons toutes deux participé à ce que fut le Mouvement des femmes pendant les années soixante-dix. Dans l'attitude d'une partie de la population à l'égard de l'immigration, nous avons retrouvé les mêmes ressorts psychologiques, le même poids de l'irrationnel, les mêmes crispations névro-

tiques qu'à l'égard du féminisme. Tous les racismes se ressemblent.

« Je ne suis pas raciste. Mais... si ça continue comme ça, le maire, dans six ans, il s'appellera Mohamed. » Une phrase parmi d'autres, lancée à Dreux par un Français moyen, pendant la campagne municipale de mars 1983. Elle aurait pu être dite ailleurs et sans doute l'a-t-elle été. « Je ne suis pas raciste, mais... vous avez raison, il y a trop d'immigrés dans le quartier. » Le candidat de l'opposition, qui fait campagne, serre les mains et approuve. Il n'est pas raciste, mais tout de même... Il a suffi de quelques semaines pour que le racisme cesse d'être honteux en France, qu'il se banalise, qu'il acquière une légitimité.

Cette résurgence du vieux mal ne signifie pas que l'ensemble de la population française soit devenu brusquement raciste. Elle s'indigne quand elle lit à la une des journaux qu'un jeune Algérien en vacances en France, Habib Grimzi, a été sauvagement assassiné dans un train par trois gaillards ivres d'alcool et de haine, sous le regard indifférent ou apeuré des autres voyageurs. Mais un courant d'opinion xénophobe se développe, chemine, s'installe. Il répand rumeurs et contrevérités à propos des immigrés, qui seraient nuisibles et dangereux pour la sécurité des Français, pour leur bien-être, pour leur avenir. Il propage l'idée que la gauche manifeste un laxisme coupable à l'égard des étrangers. C'est ce courant d'opinion qui a nourri récemment la rubrique faits divers des journaux de tant d'attentats racistes. C'est lui qui a armé, le 15 novembre 1983, les bras des assassins du Bordeaux-Vintimille. C'est lui qui a permis à l'extrême droite de renaître de ses cendres, à Dreux et ailleurs.

La campagne lancée contre les immigrés fait aujourd'hui apparaître le renouveau du racisme dans notre pays comme « normal », « inévitable », « compréhensible ». Tout se passe – sinistre paradoxe – comme s'il fallait imputer la montée des idées racistes aux immigrés eux-mêmes. Et non pas au désenchantement, à l'angoisse, aux nouvelles formes de pauvreté, en un mot à la crise qui frappe notre société.

Ainsi voit-on un nombre croissant de Français préconiser les solutions les plus radicales pour résoudre le « vrai problème » que posent les immigrés. A les entendre, ce serait tout simple : il suffirait de renvoyer ces gens chez eux... 66 % des personnes interrogées au cours d'un récent sondage[1] *estiment que, pour sortir de la crise, il convient d'inciter les travailleurs immigrés à regagner leur pays d'origine. 21 % seulement croient préférable de les aider à s'intégrer.*

Nous en sommes là : récupération par la politique d'un racisme populaire; montée de la violence physique et verbale contre des innocents; désarroi d'une opinion en quête de solutions miracle.

Ce livre n'a qu'une ambition : aider le lecteur à échapper aux illusions, aux idées toutes faites qui empêchent que s'instaure un débat sérieux sur la place des immigrés dans la société française. Ce débat est urgent. Il doit s'ouvrir avant que la tentation xénophobe ne porte atteinte à la démocratie.

1. *L'Expansion*, 7-20 octobre 1983.

AVANT-PROPOS

Pendant que nous enquêtions, que nous travaillions, que nous écrivions, les enfants des immigrés se sont mis en mouvement.

Aujourd'hui, 3 décembre 1983, étaient organisées deux manifestations. L'une, à Arpajon, rassemblait 50 000 Français pour la défense de l'école laïque. L'autre, à Paris, où quelque 100 000 immigrés et Français accueillaient une poignée de marcheurs partis de Marseille quelques semaines plus tôt, achevant leur tour de France « pour la constitution d'une France solidaire ». A Arpajon, la France n'en finissait pas de régler ses comptes avec l'histoire. A Paris, la France commençait d'accepter son avenir. Les jeunes marcheurs des Minguettes ont en quelques semaines réveillé l'antiracisme. Les Français, et d'abord ceux qui estiment que le seuil de toutes les intolérances est toujours trop élevé, sont en train de comprendre qu'ils ne pourront se contenter de regarder marcher ces jeunes. Tôt ou tard, et plutôt tôt que tard, quoi qu'en pensent certains, Français et immigrés devront bien accepter de marcher ensemble.

Françoise Gaspard,
3 décembre 1983.

CHAPITRE I

La grande illusion

Les immigrés qui vivent aujourd'hui en France y resteront dans leur très grande majorité. Voilà ce qu'il faut que les Français sachent. Voilà ce qu'il convient donc de leur dire. Tout le reste est démagogie. Espérer obtenir le départ massif et volontaire de ces femmes, de ces hommes, de ces enfants, revient à entretenir une grande, une tragique illusion; vouloir l'organiser par la force conduirait à mettre en œuvre des pratiques impensables aujourd'hui, des pratiques indignes d'une démocratie.

Pour la plupart, les étrangers qui résident en France s'y trouvent depuis de longues années : 70 % d'entre eux, depuis plus de 10 ans. Même si l'idée de retour les hante toujours, beaucoup sont désormais installés, pour ne pas dire enracinés chez nous. Leurs amis, leurs amours sont ici. Leurs enfants n'ont pas d'autre pays. C'est bien cela d'ailleurs qui inquiète l'opinion : le sentiment diffus et somme toute clairvoyant que ces étrangers sont là pour de bon, qu'ils ne repartiront pas.

Il est grand temps de « parler vrai » aux Français de leurs immigrés, et aux immigrés de leur avenir. « Parler vrai », c'est montrer à travers l'histoire des trente dernières années que l'immigration a changé tout autant que les immigrés eux-mêmes : c'est prendre la mesure des limites d'une politique d'incitation au retour; c'est cesser de considérer que les enfants de l'immigration sont encore des immigrés. Il est grand temps, si l'on veut éviter l'aggravation de la méfiance et de la peur, la propagation du racisme, l'irruption ou la généralisation de violences, que les Français admettent que la plupart des immigrés font définitivement partie de la France.

Parler clair, dire ces vérités d'évidence, c'est faire ce que les pouvoirs publics n'ont jamais osé : provoquer la colère et le refus des Français atteints de xénophobie; mécontenter les pays d'origine pour lesquels les émigrés constituent un morceau transplanté de la nation sur lequel ils veulent conserver des droits; enfin, choquer, par un discours sans ambiguïté, les premiers intéressés eux-mêmes, ces migrants, qui auront enfin à faire un choix, sinon pour eux, au moins pour leurs enfants. On comprend que ce discours soit difficile à tenir. Même si on l'adoucit avec toutes les nuances souhaitables, comment ne ferait-il pas, inévitablement, l'effet d'un électrochoc?

Pourquoi sont-ils venus?

Pendant trente ans de croissance continue, les Français ont accepté, comme vitale pour leur économie et bénéfique pour leur confort, l'arrivée de bras jeunes et vigoureux sur les chantiers de la reconstruction, dans les usines et... dans les cuisines des maisons bourgeoises. Ce qu'ils doivent admettre maintenant, c'est qu'il n'y a pas d'autre issue, pour réparer trente ans d'anarchie et d'imprévoyance, que d'en assumer les conséquences. La politique de l'autruche a fait son temps. Y substituer celle du démagogue serait pis encore. Une troisième politique est possible : celle du réalisme, reposant sur une connaissance véritable du monde de l'immigration et de son interaction avec le reste de la société française.

La situation que nous connaissons en ces années quatre-vingt résulte de l'action passée des pouvoirs publics, qui ont souhaité et organisé la venue des étrangers en France. Et cela, depuis des décennies. En 1945, la création de l'Office national de l'immigration (ONI) a marqué la volonté de recruter à l'extérieur des travailleurs. Leur présence était considérée comme nécessaire, compte tenu de la pénurie de main-d'œuvre. La mise en place de l'ONI témoignait également du souci de contrôler les entrées en retirant au patronat le monopole des recrutements qu'il détenait jusque-là. Au lendemain de la Seconde Guerre mondiale, il y avait près de 2 millions d'étrangers dans notre pays. Déjà, on estimait les besoins en travailleurs immigrés à bien davantage. Jusqu'en 1954, il y aura pourtant très peu d'arrivées. A l'époque, les démographes, les économistes disaient même qu'il n'y en avait pas assez. Ce n'est qu'à la fin des annécs cinquante et jusque dans les années soixante-dix que l'immigration est devenue considérable. Pendant cette période, l'offre de travail n'a fait que croître : l'allongement de la scolarité, le développement spectaculaire du secteur tertiaire, exerçant sur les ouvrières et ouvriers français un attrait irrésistible, ont laissé vacants les emplois trop pénibles, dévalorisés et mal payés. Les immigrés n'ont pas hésité à les occuper.

D'où sont venus ces travailleurs? Les frontières désormais fermées à l'Est, seule la péninsule Ibérique a pu encore fournir pendant quelque temps des bras européens. Ce n'était pas suffisant. Aussi, le Maghreb et l'Afrique francophone, colonisée ou décolonisée, proches de nous par l'usage du français, se sont mis de la partie. C'est ainsi que s'est dessiné, année après année, vague de migrants après vague de migrants, le paysage de l'immigration qui nous entoure aujourd'hui.

La noria des pauvres

Le système de la « noria » fut d'abord la règle. Les hommes qu'on allait chercher ou qui venaient d'eux-mêmes émigraient pour quelques années, puis se faisaient remplacer par d'autres. Ces hommes jeunes, généralement célibataires, quittaient leur village pour aller travailler en France. Ils vivaient chichement, dans des logements de fortune, parfois dans des foyers de travailleurs, ou encore en occupant huit heures sur vingt-quatre le « lit chaud » d'un de ces misérables hôtels qui ont fait les beaux jours des marchands de sommeil. Parce qu'ils espéraient ne rester que provisoirement en France, parce qu'ils gardaient un lien étroit avec leur pays d'origine, ils acceptaient les conditions qui leur étaient imposées, aussi dures soient-elles. Le temps accompli – un an, deux ans, rarement trois –, ils rentraient au pays pour être immédiatement relayés dans le même emploi, et souvent dans le même lit, par un frère, un cousin, un ami.

Le mécanisme de la « noria » a façonné la vision que les Français se font, aujourd'hui encore, de l'immigration. L'opinion imagine que cette noria a continué de tourner, avec son va-et-vient d'immigrés. C'est pourquoi elle se laisse facilement abuser par l'idée qu'il suffirait de l'arrêter pour que les étrangers cessent d'arriver. Dans la réalité, cette noria n'a jamais remporté autant de migrants qu'elle en apportait. Même si, depuis la France, cela ne se voyait pas.

Il faut savoir que l'immigration est d'abord une émigration. C'est parce que des hommes décident de partir pour des raisons objectives et souvent douloureuses, c'est parce qu'ils sont obligés de quitter une terre qui ne peut les nourrir, un village surpeuplé, un pays qui ne leur offre guère d'espoir ni d'avenir, qu'ils s'expatrient. Ils partent pour obtenir ce qu'ils n'ont pas trouvé chez eux : du travail et un salaire. Il y a une histoire de l'immigration. Il y en a une autre de l'émigration. A ne regarder que la première sans connaître la seconde, on ne peut juger de l'état d'esprit des immigrés ni comprendre que, malgré la crise économique actuelle, la fermeture des frontières et la montée du racisme, l'émigration se poursuive.

Prenons l'exemple de l'immigration maghrébine. Ses étapes successives montrent que la volonté de s'expatrier est actionnée selon les époques par des ressorts différents. Ces ressorts ont leur importance : au départ, ils déclenchent le désir d'émigrer; quelques années plus tard, ils facilitent ou au contraire empêchent le retour de l'exilé.

Ce que Abdelmalek Sayad décrit de la longue histoire de l'immigration algérienne en France permet de saisir la nature différente de ces vagues migratoires successives [1]. Au « premier âge » de l'émigration, dans une société rurale en crise, le départ d'un jeune adulte du village est conçu comme un acte provisoire : « La mission que constituait l'émigration exigeait d'être accomplie dans un minimum de temps : ni les émigrés ni leurs groupes n'aimaient faire durer trop longtemps le séjour en France.

1. Abdelmalek Sayad, « Les trois âges de l'émigration algérienne en France », *Actes de la recherche en sciences sociales*, n° 15, juin 1977, p. 59-79.

Si, par exception, l'absence de l'émigré devait se prolonger au-delà de ce qui était permis, elle attirait sur ses auteurs la réprobation qui allait à tous ceux qui manquaient de retenue et ne savaient pas se conformer à l'éthique paysanne : l'émigré lui-même parce qu'il semblait prendre goût à la ville et à sa condition d'émigré; sa famille parce qu'elle se montrait incapable de le récupérer... » Ainsi, l'émigration, lorsqu'elle s'opère à partir d'une société jusqu'alors stable et fermée, est-elle considérée comme une « mission » de courte durée. Cette mission soulage provisoirement la famille en la débarrassant d'un de ses membres. Elle n'est, dans la vie du migrant, qu'un entracte.

Du point de vue de l'immigré, la noria, avec son système de remplacement quasi automatique, constitue une garantie contre les risques d'exil prolongé. Du point de vue de l'employeur, elle permet de répondre avec efficacité et rapidité aux besoins en main-d'œuvre. Le patronat a ainsi recruté des hommes immédiatement utilisables pour des tâches simples, ne demandant aucune formation. L'État y a trouvé son compte, puisqu'il a bénéficié, pour alimenter la production nationale, d'un apport d'actifs dont il n'avait pas eu à supporter l'éducation.

En outre, ces travailleurs ne coûtaient pas cher en charges sociales et familiales : les deux ou trois années de cotisation de retraite n'avaient que peu de chances d'être validées, la maladie et l'accident du travail étaient davantage cause de départ que de dépense pour la Sécurité sociale à laquelle ils cotisaient comme les Français. L'absence d'enfants, ou le fait que ceux-ci soient restés au pays, augmentait encore les bénéfices procurés par cette main-d'œuvre : les allocations familiales n'étaient pas versées, et quand elles commencèrent de l'être au terme d'accords de coopération signés avec les pays d'origine, c'était à un taux inférieur à celui dont bénéficiaient les Français. La société française tout entière s'est fort bien portée de ce mode d'immigration dont elle a tiré des avantages substantiels sans chercher à mieux connaître les hommes qui débarquaient sur son sol. N'étaient-ils pas anonymes et interchangeables?

Ce système du tourniquet a fonctionné une dizaine d'années, entre la fin des années cinquante et la fin des années soixante. Pendant cette période, Maghrébins, Espagnols, Yougoslaves, Portugais, Turcs sont allés et venus. Entre 1966 et 1970 encore, on enregistrait en France 1 million de sorties pour 1,2 million d'entrées nouvelles. Les mouvements de flux et de reflux étaient si importants qu'on avait l'impression qu'ils touchaient l'ensemble de l'immigration.

La représentation stéréotypée du travailleur étranger que se font la plupart des Français date de ces années-là : images d'Arabes ou de Sénégalais, une valise de carton bouilli à la main, arrivant sur le port de Marseille ou à la gare de Lyon, voyageurs en transit, travailleurs saisonniers qui n'attendent, pour repartir définitivement, que d'avoir amassé un pécule suffisant.

Des immigrés qui deviennent immigrants

C'est seulement lorsque des problèmes urbains, scolaires, sociaux nouveaux, liés à une forte concentration d'immigrés, ont surgi dans la région parisienne et ailleurs, que l'on a commencé à s'interroger. D'où sortaient ces gens? Pourquoi y en avait-il toujours davantage? La France, comme ses voisins européens, a découvert avec inquiétude que nombre d'immigrés n'avaient jamais pris leur billet de retour; que des femmes, des familles entières, les avaient rejoints; que d'autres enfants étaient nés ici, dont certains atteignaient déjà l'âge adulte.

Dans le même temps, les foyers de travailleurs construits pendant les années soixante s'étaient vidés, sauf dans les régions parisienne et marseillaise. Les immigrés s'étaient progressivement installés dans les HLM, dans les lotissements. Dans certains quartiers, « colonisés » par eux, ils avaient ouvert boutiques et restaurants. Il aurait immédiatement fallu se rendre compte de ce qui se passait et en tirer les conclusions urbaines, scolaires, sociales adéquates. Les immigrés s'étaient sédentarisés. Au terme d'un processus lent, l'immigration du travail était devenue immigration de peuplement.

Cette sédentarisation a été provoquée, sans qu'il le veuille et sans qu'il le sache toujours, par le pays d'accueil, la France. Elle a également été suscitée, quoiqu'ils s'en défendent, par les pays d'origine. Les travailleurs, quant à eux, n'imaginaient pas qu'ils resteraient si longtemps.

Il suffit, pour en avoir la preuve, de demander à ces Algériens, à ces Tunisiens, à ces Yougoslaves, immigrés depuis dix, quinze ou vingt ans, de se souvenir de leurs projets, de leurs espoirs. Lorsqu'ils ont quitté le pays, combien de temps pensaient-ils passer à l'étranger? La réponse est toujours la même : deux ans ou trois ans, jamais plus. Et pourtant, ils ne sont pas repartis. Le récit de leurs parcours individuels permet de comprendre pourquoi. Racontés pudiquement, souvent à voix basse, ils expriment un malaise : comme si ces travailleurs voulaient oublier la vraie durée du temps passé loin de chez eux; comme si chaque année, qui s'était ajoutée aux deux ou trois du projet initial, constituait une trahison à l'égard de la famille, du village; comme si le fait de s'être attaché à la vie en France pouvait être interprété comme un abandon de la terre natale.

Pourquoi les immigrés ne sont-ils pas repartis? Parce qu'on ne le leur a pas demandé, parce que leur pays ne les a ni rappelés, ni incités à revenir, parce que, enfin, d'une certaine manière, inconsciente autant que consciente, ils ont choisi de rester.

Au terme du délai de deux ou trois ans que s'étaient fixé ces travailleurs, les entreprises qui les avaient recrutés ne leur ont pas signifié qu'ils devenaient indésirables. Elles les ont souvent invités à rester. Lorsqu'elles les considéraient comme des ouvriers sérieux, elles leur ont même demandé de servir d'agents recruteurs. Des parents, des amis sont venus à leur tour. Il y avait du travail pour tout le monde, dans les années soixante. Et cette main-d'œuvre, puisée à une source apparemment inépuisable, permettait de maintenir les salaires à un niveau bas. Elle n'était guère exigeante quant aux conditions de travail. Elle ne revendiquait pas. Ces ouvriers trop heureux de toucher un salaire, ignorant leurs droits et inorganisés, se syndiquaient rarement.

On a surtout parlé, ici, des hommes. Des femmes aussi ont émigré dans les années cinquante et soixante. Portugaises surtout, ou Espagnoles, célibataires ou non, souvent seules, elles ont répondu à une forte demande de personnel de maison. Les besoins n'étaient plus satisfaits depuis que la source française de recrutement (les campagnes) s'était tarie. Dans ce secteur, comme dans tous ceux qui se sont ouverts aux immigrés, les salaires sont restés relativement faibles, les conditions de vie et de travail inconfortables. Pour ces femmes, comme pour les hommes, en même temps que l'immigration s'amplifiait, le séjour a tendu à se prolonger. Ceux qui avaient un travail assuré n'envisageaient guère d'y renoncer. La sédentarisation apparaît dans les chiffres à partir de 1965. Le nombre d'entrées au titre du regroupement familial a atteint son apogée en 1971, avec 81 000 arrivées. A partir de 1975, les entrées des nouvelles familles ont été au moins deux fois plus nombreuses que celles des nouveaux travailleurs.

Des retours, bien sûr, il y en a eu. Mais beaucoup moins que d'enracinements. Pour des raisons évidentes. En France, il y avait du travail. Au Maroc, au Portugal, au Mali, la réinsertion professionnelle était loin d'être certaine. Le surpeuplement, le manque de terres, le lent décollage économique des pays d'origine n'offraient que peu d'espoir de retrouver un emploi à ceux qui étaient partis. Les conditions économiques de l'exploitation familiale s'étaient encore aggravées. On n'avait, au pays, que trop de bouches à nourrir.

La rupture avec le milieu d'origine n'a pas été consommée pour autant. Traverser la Méditerranée pour un Maghrébin n'est pas rédhibitoire. Pas plus que franchir les Pyrénées pour un Ibérique, ou se rendre en Turquie pour un paysan anatolien, désormais propriétaire d'une voiture ou employé par une société dont le comité d'entreprise peut obtenir des billets d'avion à un prix avantageux. Les congés payés ont permis à beaucoup de ces travailleurs de retrouver chaque année pendant quelques semaines le village, de faire des projets d'avenir, d'évoquer en famille le moment du retour définitif. Sur place, les bonnes raisons de reculer l'échéance de ce retour étaient plus facilement partagées : un séjour plus long en France ne permettait-il pas de continuer à aider les parents par l'envoi régulier de mandats? Et de commencer à construire une maison au pays? Celle-ci ne faciliterait-elle pas, plus tard, une installation comme artisan, grâce aux compétences acquises et aux économies réalisées à l'étranger?

C'est à l'occasion de ces vacances que se sont noués bien des mariages. Les familles y ont vu le moyen d'assurer la bonne conduite et le sérieux de celui qui vivait au loin durant les onze autres mois de l'année. L'émigré, celui de rassurer les siens sur son attachement à son milieu d'origine, à ses coutumes.

La séparation des époux devenant pénible lorsqu'elle se prolongeait, on décidait souvent que la famille partirait à son tour en France. Or, l'émigration des épouses a incontestablement renforcé la sédentarisation des immigrés. Ceux-ci ont dû quitter l'hôtel de fortune ou le foyer pour célibataires et trouver un logement. Ce fut pour beaucoup d'entre eux la dure expérience des bidonvilles, des cités de transit et d'urgence construites à la hâte. Enfin, après une longue attente et de multiples démarches, le logement HLM tant espéré était obtenu. C'est là que les enfants ont grandi, se sont fait des copains. Le premier pas, décisif, de l'enracinement a été franchi de la sorte.

Du bidonville au béton

Les Français connaissent mal les conditions dans lesquelles se sont faites ces transplantations de familles entières. Mehdi Charef, romancier d'une génération qui a vécu, enfant, l'immigration, raconte l'arrivée de son héros, Madjid, et de sa mère Malika venus retrouver le père en France : « Madjid avait sept ans quand, par un matin de novembre, sa maman et lui s'étaient retrouvés sur le quai de la gare d'Austerlitz. (...) Malika avait gardé son voile, perdue entre deux civilisations. Elle fut la curiosité des banlieusards qui allaient pointer au bureau. Elle n'avait jamais quitté son village de l'Est algérien et, d'un seul coup, la voilà d'un seul bond de l'autre côté de la Méditerranée. Tout est grand et démesuré. " Le progrès ", qu'elle se dit sous son voile. Son haïk, elle l'avait acheté exprès pour le voyage. C'est son costume de première, et elle découvre qu'ici les femmes n'en portent pas. Dur pour elle! Enfin, le papa arrive. Madjid ne le reconnaît pas, il était trop jeune quand son père avait immigré. Il se laisse embrasser par le monsieur coiffé d'une chéchia, puisque Malika lui dit que c'est son papa. Puis le taxi, puis les bidonvilles [1]... »

Il faudrait citer des pages et des pages. Celle-ci, encore : « A l'époque, Madjid et ses parents habitaient le bidonville de Nanterre, rue de la Folie, le plus grand, le plus cruel des bidonvilles de toute la banlieue parisienne. De vraies favelas brésiliennes, le soleil en moins, sans la musique endiablée pour crier au secours. Quand il avait fait venir sa femme et son gosse d'Algérie, le père de Madjid ne leur avait pas dit dans ses lettres qu'ils logeraient dans des baraques enfumées et froides. Au vu de ce que c'était, Malika en pleura de misère, et Madjid se demanda si c'était pas une blague. Au pays, on

1. Mehdi Charef, *Le Thé au harem d'Archi Ahmed*, Mercure de France, Paris, 1983, p. 113-114.

mangeait pas à sa faim, d'accord, mais on avait une petite maison en pierre, en chaume, un abri propre. Un ventre creux ça peut se cacher, mais un taudis, tout le monde le voit. Et la dignité, alors! Malika regrettait son voyage, serrant son petit dans ses bras. Le père disait : " Ils vont nous reloger convenablement, je suis allé à la mairie! " » Le jour vient enfin du relogement à Genevilliers, aux " 4 000 " : après les planches du bidonville, le béton.

Des immigrés en grand nombre se sont donc subrepticement insérés dans le béton et la durée sans pour autant que le flux de nouveaux arrivants ne s'arrête. Au contraire, l'immigration s'est intensifiée au point que l'ONI, au cours des années soixante, a perdu le monopole du contrôle des entrées. Pressés par le besoin, les employeurs n'ont pas hésité à court-circuiter les procédures officielles jugées trop lentes et trop tatillonnes. Ils se sont fournis eux-mêmes, organisant le recrutement dans les pays d'immigration. Ce n'est qu'ensuite, une fois cette main-d'œuvre mise au travail, qu'ils ont demandé sa régularisation administrative. Entre 1960 et 1970, près de 65 % des entrées ont été régularisées *a posteriori*. Beaucoup l'ont été très tardivement. Certaines pas du tout. En effet, si les grandes entreprises ne pouvaient éviter de déclarer leurs travailleurs immigrés, d'autres, petites et moyennes, procédaient tout autrement. Dans le bâtiment, les travaux publics, l'hôtellerie, elles ont pris l'habitude d'employer les clandestins en fonction de leurs besoins, les mettant à pied à la mauvaise saison ou dans les périodes creuses, quitte à les réembaucher à la réouverture des chantiers, au retour du soleil. Les pouvoirs publics ne se sont pas contentés de tolérer de telles pratiques. Ils se sont félicités de leurs mérites. Un exemple : Jean-Marcel Jeanneney, ministre du Travail du premier gouvernement Pompidou, déclarait en 1966 que « l'immigration clandestine elle-même n'est pas inutile, car si l'on s'en tenait à l'application stricte des règlements et accords internationaux, nous manquerions peut-être de main-d'œuvre [1] ».

La politique des yeux fermés face à cette immigration « sauvage » s'est doublée d'un assouplissement croissant des conditions légales d'entrée sur le territoire français. Par le jeu d'accords bilatéraux, à partir de 1963, les ressortissants portugais ont été admis directement sur le marché du travail, sans passer par le contrôle de l'ONI. Entre 1963 et 1971, une série d'accords de même type ont été signés avec l'ensemble des États africains francophones, afin de développer et d'accélérer l'embauche des membres de la Communauté française. En 1963 également, un accord avec l'Algérie a permis la libre entrée des Algériens en France dans la limite initiale de 35 000 par an. Ces immigrants non contrôlés ont bénéficié de l'octroi d'un certificat de résidence d'un an renouvelable, s'ils avaient trouvé, après neuf mois de séjour, un travail régulier. Neuf mois pendant lesquels le travail clandestin était toléré. En 1970, on pouvait lire dans le magazine *l'Usine nouvelle* (reflet de l'opinion d'une partie du patronat français) que « la présence de cette immigration donne à notre économie plus de souplesse, s'agissant de gens très mobiles, acceptant de changer d'entreprise, de région et, le cas échéant, de devenir des chômeurs indemnisés. (...) L'immigration est encore fructueuse dans la mesure où elle permet à notre pays d'économiser une partie des frais d'éducation (assumés par le pays d'origine) et de mieux équilibrer les charges de la nation :

1. *Les Échos*, 29 mars 1966.

jeunes, les immigrés apportent souvent plus de cotisations qu'ils ne reçoivent de prestations [1] ».

L'irrésistible sédentarisation

Les nouveaux migrants (en moyenne 200 000 par an dans les années soixante) ont occupé les foyers-hôtels [2] et les bidonvilles délaissés par leurs prédécesseurs. Ils n'avaient pas pour autant la même mentalité, ni le même projet personnel que leurs aînés. Ce serait une erreur de croire qu'un immigré est toujours un immigré, aux caractéristiques immuables dans l'espace et dans le temps. Son désir d'émigrer s'est inscrit d'abord, nous l'avons vu, dans le contexte du pays de départ. Grâce à l'analyse de l'émigration algérienne faite par M. Sayad, on discerne bien pourquoi cette nouvelle génération de migrants n'est pas repartie, elle non plus.

Après un premier flux d'hommes intimement liés au pays, et demeurant dans leur âme et leur mentalité des ruraux dont l'ambition est de réintégrer un jour leur village, une seconde vague apparaît, une nouvelle génération, aux aspirations différentes. Dans la famille, au village, l'émigration n'est toujours pas vue comme un

1. *L'Usine nouvelle*, 26 mars 1970.

2. Construits par la toute jeune Sonacotra, entreprise nationale de construction de logements pour les travailleurs, qui est une société d'économie mixte, créée en 1956, avec pour mission de loger les travailleurs migrants. La société gère 300 « logements-foyers » répartis sur l'ensemble du territoire : 70 562 résidents dont 19,3 % de Français, 62,7 % de Maghrébins, le reste étant originaire d'autres pays. Une longue grève des loyers débuta en 1975 et s'acheva en 1980 pour protester contre les conditions de logement qui ne cessaient de se détériorer.

départ définitif, mais elle est une rupture acceptée, ou même voulue, avec le milieu d'origine. La dévalorisation de l'image du paysan dans des sociétés en pleine mutation économique, le sous-développement et la conscience qu'on en a grâce aux progrès des communications, l'ouverture du Tiers-Monde sur le monde développé, le fait que ce dernier soit regardé avec fascination, l'explosion démographique, constituent autant de facteurs qui poussent au départ. Ceux qui s'en vont ne se considèrent plus comme étant en « mission » pour améliorer le sort des leurs : ils partent tenter leur chance personnelle ailleurs et ne se sentent plus, comme leurs prédécesseurs, au service de la communauté restée au pays. Sans doute, des liens, souvent forts, sont-ils maintenus avec celle-ci, et les émigrés continuent-ils d'aider matériellement leur famille. Mais ils vivent leur exil comme une fuite vers un monde meilleur, parfois même une terre promise. L'émigré espère réussir, s'enrichir. Son but ultime reste le retour, mais dans des conditions qui lui permettront d'apporter aux siens, à son entourage, la preuve d'une réussite sociale. L'itinéraire n'a plus le même caractère. Plus individualiste, il prend plus aisément et plus rapidement un caractère familial.

Les Français n'ont pas vraiment vu se dérouler sous leurs yeux ce scénario aux multiples entrées, s'installer, parmi eux, ces strates superposées d'immigrés. Ils ont cru à une rotation incessante de l'immigration, impression confortée par le ballet toujours renouvelé des nationalités. Alors qu'en fait, des familles arrivaient, des enfants naissaient. Seuls ont été nombreux à repartir ceux qui pouvaient espérer trouver chez eux d'autres conditions de travail et d'existence que celles qu'ils avaient quittées en émigrant. Par exemple, immédiatement avant et après la dernière guerre mondiale, les Italiens avaient été les plus nombreux à émigrer en France. Antifascistes des années trente, maçons et paysans venus du Mezzogiorno et de Sardaigne pour la reconstruction, leur nombre dans les statistiques a progressivement diminué pour ne plus représenter en 1982 que 10 % du total des étrangers. Les derniers arrivés ont en effet repris au début des années soixante le chemin d'une Italie en pleine expansion économique. Non pas pour retrouver leurs villages misérables, mais pour offrir leur force de travail aux zones industrielles de la Lombardie et du Piémont. D'autres, en revanche, plus insérés économiquement et socialement, et dont les enfants ne parlaient plus l'italien, ont décidé de rester. Beaucoup ont adopté, avec le temps, la nationalité française.

En 1970, les Algériens sont devenus la première communauté étrangère de France, soit 32 % du total des immigrés. Mais cette prédominance n'a pas duré. Le 20 septembre 1973, à la suite d'attentats commis contre les Maghrébins, en particulier contre les Algériens, ainsi que de nombreuses manifestations de caractère raciste, le gouvernement d'Alger a suspendu l'émigration vers la France. Seul s'est poursuivi le mouvement de regroupement familial. Dès 1976, les Portugais ont supplanté les Algériens. Ceux-ci ne représentent plus aujourd'hui que 19 % des étrangers vivant en France.

La décision prise en juillet 1974 par Valéry Giscard d'Estaing de fermer les frontières à toute entrée nouvelle a ralenti l'arrivée des immigrés, mais ne l'a pas arrêtée. Entre 1974 et 1981, il semble que le nombre de résidents étrangers se soit stabilisé légèrement au-dessus de 4 millions. Ces chiffres confirment la sédentarisation des communautés étrangères depuis presque dix ans, sédentarisation qui s'est opérée malgré des mesures spectaculaires et souvent brutales destinées à chasser les immigrés par les menaces et par la peur pendant le septennat de M. Giscard d'Estaing.

Arrêter les clandestins

En même temps, l'immigration clandestine n'a pas cessé. Il s'agit là d'un phénomène qui n'est pas propre à la France. Tous les pays développés continuent d'attirer – malgré la crise, malgré des conditions économiques défavorables – des émigrants qui considèrent sans doute que le sort qui leur sera réservé, si mauvais soit-il, par le pays d'accueil est préférable à la misère, parfois à la faim, qu'ils connaissent dans leur pays d'origine. Par exemple, on estime, aux États-Unis, le nombre d'entrées clandestines annuelles à 1 million de personnes, la plupart en provenance de l'Amérique latine.

Partout dans le monde, les autorités nationales et internationales concernées par cette question font le même constat : il est matériellement impossible d'exercer un contrôle efficace aux frontières dans des pays « ouverts » tels que le sont aujourd'hui les nations industrialisées. Contrairement à ce qu'on imagine souvent, ces clandestins ne choisissent pas, pour la plupart, des chemins compliqués ou dangereux pour atteindre leur but. Le passage nocturne des cols des Pyrénées, même s'il alimente une filière lucrative, n'est le fait que d'une petite minorité déshéritée et ignorante.

On arrête bien de temps à autre un groupe de ces

clandestins – comme par exemple une quinzaine de Chinois à bord d'une voiture interceptée dans les Landes pendant l'été 1983 –, mais une telle odyssée relève du triste folklore de l'émigration et concerne seulement un petit nombre de migrants [1]. Plus simplement, il suffit pour devenir « irrégulier » de passer légalement et tranquillement la frontière, en touriste, et d'oublier de la repasser trois mois plus tard à l'expiration de son visa. Près de 70 % des immigrants régularisés par la France en 1982 appartenaient à cette catégorie.

Comment distinguer une entrée touristique d'une entrée qui débouche sur un séjour prolongé? Le contrôle aux frontières est, en fait, pratiquement impossible à effectuer avec efficacité. On ne peut espérer opérer un filtrage sérieux des 300 millions de personnes qui passent chaque année dans les 71 ports, 110 aéroports et 970 points de passage terrestres donnant accès au territoire français. Comment discerner les motivations réelles du voyageur dont le passeport est en règle? Certes, il y a eu, selon le ministère de l'Intérieur, 45 000 refoulements aux frontières au cours de l'année 1982. Mais parmi ceux-ci, sans doute beaucoup d'« innocents » venus visiter leur famille et dont les papiers (vraisemblablement le certificat d'hébergement hâtivement établi par les services municipaux) n'étaient pas en règle. Sauf à suivre pas à pas chaque étranger, comme cela se fait dans les pays de l'Est, peu de mesures administratives permettent d'exercer un contrôle sans failles.

La France, depuis peu, exige des ressortissants maghrébins – et uniquement d'eux – qu'ils ajoutent à leur passeport un document à deux volets dont l'un reste à la

1. A titre d'indication, il y a eu, en 1983, 4 000 interpellations effectuées dans les régions frontalières (*l'Express*, 30 septembre 1983, p. 94).

frontière et dont l'autre doit être restitué (dans un délai de trois mois) à la sortie du territoire. Ce système, en usage aux États-Unis, permet d'engager au-delà du délai du séjour touristique une procédure de recherche du contrevenant qui, s'il est retrouvé, sera expulsé. Cette procédure est en réalité surtout dissuasive. En effet, à moins de mettre au point une organisation bureaucratique et policière hautement informatisée, il paraît difficile de contrôler, voire de retrouver, ceux qui auraient décidé de s'évanouir dans la nature. Les États-Unis le savent bien qui, malgré l'usage du formulaire à volets, hébergeaient malgré eux en 1983 environ 13 millions de clandestins.

L'immigration, même ralentie – et surtout clandestine –, se poursuit donc aujourd'hui, et rien, sinon un régime policier, ne l'arrêtera totalement, tant que les causes d'émigration, qu'elles soient économiques ou politiques, se perpétueront dans les pays d'origine. Il en est ainsi depuis toujours. Les hommes se déplacent sur la planète, et les difficultés économiques que connaît le monde développé ont pour ceux qui meurent de faim ou qui souffrent de persécutions un caractère très relatif.

L'an prochain... au pays

Renverser le flux de l'immigration : le slogan, lancé par l'extrême droite, a fait mouche. De prime abord, comme cela paraît logique et simple : ils sont venus, qu'ils repartent! Marcel Dassault développe cette idée dans une de ses publicités du Café du Commerce « il n'y a qu'à... ». « Il n'y a qu'à construire des usines dans leurs pays d'origine afin d'y renvoyer les immigrés », explique-t-il en substance. M. Dassault ferait bien de lire les documents de l'Assemblée nationale, dont il est membre. La réponse à sa proposition s'y trouve en toutes lettres : « Les investissements français à l'étranger effectués dans les pays méditerranéens connaissant un fort sous-emploi n'ont exercé jusqu'à présent aucun effet d'appel au retour des immigrés [1]. » Aucun effet d'appel... Pourquoi?

Ce n'est pas l'un des moindres des paradoxes de l'immigration : les immigrés déclarent que, si on leur donnait les moyens de partir, ils repartiraient. Pourtant, si des départs volontaires se produisent, ils restent minoritaires. Jusqu'à présent, aucune politique de retour, si contraignante soit-elle, n'a fait baisser le nombre total d'étrangers [2].

Peut-être faudrait-il poser la question autrement : pour ces millions d'hommes et de femmes, le retour est-il seulement encore possible? Dans quelles conditions et à quel prix?

Interrogeons des travailleurs arrivés dans les années cinquante ou soixante, pour deux ou trois ans seulement, et qui aujourd'hui se retrouvent installés dans leurs meubles, parfois propriétaires de leur pavillon. Pour eux,

1. Assemblée nationale, avis n° 471, présenté au nom de la Commission des Affaires culturelles, familiales et sociales, par Jean-Michel Belorgey, sur le projet de loi de finances pour 1982.

2. Le dispositif d'aide au retour instauré en 1977 consistait à verser 10 000 F à tout travailleur immigré acceptant de retourner définitivement dans son pays. Le travailleur qui acceptait ce pécule (inférieur au montant des indemnités de licenciement économique) perdait la totalité des droits sociaux pour lesquels il avait cotisé. Outre le caractère illégal de certaines de ses clauses, dénoncées par le Conseil d'État, l'aide au retour s'est soldée par un échec : moins de 100 000 personnes, familles comprises, ont en quatre ans restitué leurs cartes de séjour. Parmi elles, 3 % seulement d'Algériens.

pas d'hésitation apparente. Ce qu'ils veulent, c'est retourner un jour au pays. Voilà leur projet, l'objectif vers lequel toute leur vie est tendue, qu'ils aient émigré pour trouver du travail ou pour fuir un régime politique qui ne leur convenait pas. Ils disent très simplement : « Notre terre et notre dignité sont là-bas. » Mais ils ne partent pas « parce que ce n'est pas le moment ». Ce n'est jamais le moment.

Toutes leurs déclarations se ressemblent : « Ici, nous avons un travail. Là-bas, en trouverons-nous un? Ici, nous avons un logement. Là-bas, il nous faudra attendre pour en obtenir un. » Et lorsque le chômage les frappe, pourquoi restent-ils encore? « A cause des enfants. Les jeunes connaissent mal leur langue maternelle. Il faut qu'ils décrochent un diplôme. Moi, je n'ai pas pu être autre chose qu'OS parce que je ne suis pas allé à l'école. Eux, il faut qu'ils réussissent. » Enlever les enfants de l'école, les transplanter dans un pays dont ils ont tout à apprendre serait, estiment ces parents, compromettre leur avenir. Or, ces hommes, ces femmes reportent sur leurs enfants leurs propres espoirs. Pour eux, l'immigration se solde par un échec. Elle ne leur a pas permis de devenir ce qu'ils rêvaient quand ils ont quitté leur village : un personnage considéré, ayant acquis une qualification, jouissant d'un statut social. Maintenant qu'ils ont des enfants, ils s'en servent pour justifier à leurs yeux, et aux yeux de ceux qui sont restés au pays, l'exil qu'on leur reproche. La réussite future des enfants effacera, du moins l'espèrent-ils, leur propre échec. Comme ces enfants sont nombreux, la date prévue pour le retour ne saurait être envisagée avant que le petit dernier ne soit tiré d'affaire. Ensuite, les petits-enfants arrivent et créent de nouveaux liens avec la France.

Enfin, d'autres raisons de retarder le retour apparaissent. A quoi bon partir quand on a cinquante ans et que la retraite approche? A quoi aurait-il servi de travailler si durement toute une vie pour ne pas en profiter pleinement le moment venu? Voici, en quelques mots, pourquoi la plupart des immigrés ne repartent pas. Et pourquoi ils ne repartiront pas.

Ceux qui repartent

Cette règle générale souffre des exceptions, qui se manifestent le plus souvent à l'âge de la retraite. Parfois, en effet, des retours sont alors décidés et menés à bien. Mais il faut avoir assisté par exemple à l'un de ces départs d'immigrés espagnols, fêté par toute la communauté, pour comprendre qu'il n'est pas simple, au bout de trente ou quarante ans de vie en France, de prendre son billet pour un retour définitif vers sa terre d'origine. En même temps, c'est une joie : l'Espagne, quittée avec les parents à l'âge de dix ou onze ans pour fuir le franquisme, est devenue socialiste! Les économies amassées au cours d'une vie de labeur ont permis d'acheter une petite maison dans le village où il reste des cousins. Tant de rêves exaucés méritent une fête et, pour la circonstance, l'Amicale des Espagnols fait bien les choses. Les petites filles ont appris des danses andalouses et les enfants chantent dans un espagnol de CES qui fait rire les aînés. Pourtant, les vieux pleurent. Ils vont quitter cette ville, ce quartier, où ils laissent non seulement leurs souvenirs, mais leur famille, devenue française, leur famille pour qui l'Espagne n'a qu'un goût de vacances. Les vieux l'avouent : après avoir tant attendu ce moment, ils s'interrogent, ils sont inquiets. S'habitueront-ils?

Il n'est d'ailleurs pas nécessaire que la famille reste en France et accentue la déchirure pour que le retour des retraités vire au gris. Exemple : ce vieil Algérien rencontré dans un foyer où il avait passé un quart de siècle comme célibataire. Sa famille n'est pas venue le rejoindre, ses enfants ont grandi dans les Aurès, vivant des mandats envoyés chaque fin de mois. Le jour de sa retraite, il a fait sa valise pour retrouver définitivement son village. Au bout de quelques mois, il a découvert qu'il ne supportait ni son épouse ni ses enfants, devenus des étrangers. Et puis la vie là-bas était trop différente de celle qu'il avait connue en France et à laquelle il s'était habitué. Il est revenu. Il a supplié la direction du foyer de le reprendre, de lui confier une occupation bénévole. Il tient désormais le bar, et sert d'interprète quand c'est nécessaire. Pour profiter de son temps libre, il se rend l'après-midi au club du troisième âge du quartier où, après un moment d'étonnement, on a fini par l'adopter. S'il envoie encore quelques mandats à son épouse, il garde désormais de l'argent pour lui. Il s'est acheté à soixante-cinq ans sa première télévision et part, chaque année, en voyage organisé, parcourir l'Europe.

L'histoire de ce travailleur retraité est exceptionnelle, car il est rare que les familles vivent d'aussi longues séparations. La plupart de ceux qui sont venus seuls sont depuis longtemps repartis auprès des leurs ou, plus souvent, ont été rejoints par eux en France. L'exemple de cet Algérien contribue cependant à montrer à quel point ce qu'on appelle le retour peut, en cas d'immigration prolongée, être vécu comme une seconde émigration. Lorsque la famille est venue vivre auprès du père, lorsqu'elle s'est élargie dans le pays d'accueil, le retour devient plus difficile encore. Chaque membre de la famille se fabrique ses propres raisons de vouloir rester au moins encore un peu, et les raisons de chacun s'ajoutent à celles des autres. Sans parler de ceux qui n'ont jamais été tentés par un retour quel qu'il soit. Comme le dit Mehdi Charef à propos des plus jeunes : « On ne peut pas retourner d'où on n'est pas parti. »

Émigrés des deux côtés

L'épouse et les enfants pèsent naturellement sur les choix familiaux. Eux, ils n'ont pas choisi d'immigrer. Sauf exception, ils sont venus en France sans projet personnel, seulement pour rejoindre le père. Il leur a souvent fallu déployer d'immenses efforts pour s'acclimater, s'accommoder d'une vie et d'un environnement nouveaux. D'autant plus difficilement d'ailleurs que la découverte de la France n'a pas été celle de l'Eldorado qu'ils espéraient. Ils ont dû surmonter le choc du bidonville et du béton, l'agression du froid, la misère, les humiliations. Le prix payé pour se faire à cette vie et l'accepter a été trop élevé pour qu'ils renoncent aux avantages acquis avec le temps. D'autant que les vacances n'incitent guère au retour ceux qui ont de bonnes raisons de ne pas l'envisager sérieusement. Fini le temps où ces voyages permettaient des déclarations triomphantes sur les merveilles de la vie en Occident. Pour les gens du pays, l'image de l'immigré s'est ternie. Ils ont découvert par la presse et la télévision les scandales des conditions de vie qui sont celles de beaucoup d'entre eux, les manifestations de racisme, les violences dont sont victimes ces travailleurs et leurs familles. Ils leur en veulent, aussi, de donner de leur terre d'origine une image de misère et de sous-développement. Ils leur reprochent encore de trafiquer sur les devises lorsqu'ils passent la frontière ou de pratiquer un petit commerce de contrebande qu'ils jugent mesquin, sinon indigne d'un peuple fier. Décidément, les émigrés ne peuvent plus en « remontrer ». Quelle que soit leur terre d'origine. « L'arrogance-à-automobile »[1] irrite les Portugais du Portugal lorsque, au mois d'août, ceux de France déferlent sur le pays. En Algérie, il n'est pas rare que les vacanciers soient traités de « harkis ». « Nous sommes des émigrés des deux côtés », disent-ils.

Ces déracinés ressentent avec amertume la montée, chez leurs compatriotes, d'un « racisme anti-émigré ». Parallèlement, ils admettent mal que leur pays évolue sans eux, qu'il ne soit plus tout à fait celui qu'ils ont quitté. En France, ils rêvent du village de leur enfance, transfiguré par le souvenir. Sur place, ils finissent par ne plus apprécier autre chose que le soleil ou des paysages dont ils ont, pendant onze mois, la nostalgie. En vérité, « chaque retour au pays est pour la famille l'occasion d'une *crise,* d'un *drame,* car, véritable *ressourcement* – il est voulu et vécu comme tel –, il avive le sentiment de l'émigration qu'on croyait émoussé par le temps et réveille les douleurs qu'on croyait effacées. On découvre à cette occasion que d'autres séparations bien plus radicales se sont ajoutées à la séparation première : ce sont les indices de ces *séparations* secondes que le groupe se plaît à inventorier et à railler chez les émigrés, dans leur costume, leur langage,

1. Alfredo Margarido, « Les Portugais découvrent l'Europe », in *Aspects culturels de l'émigration portugaise en France : situation actuelle et perspectives*, ICEI, 1982, p. 16.

leur comportement, leur hexis corporelle, l'éducation de leurs enfants, etc. Les parents reviennent de chacun de leurs *séjours-pèlerinages* au pays *déroutés, perturbés, démoralisés,* ce qui évidemment ne va pas sans affecter les relations avec leurs enfants [1] ».

« Si mon mari rentre, moi je reste »

L'épouse ne tient pas forcément, sur le retour, les mêmes propos que son mari. Sa volonté de repartir n'a pas la même fermeté, et on peut la considérer, à ce titre, comme un agent actif de la sédentarisation des familles. Certes, il serait absurde de parler de « la femme immigrée » en général, car, tout comme pour les hommes, l'origine, l'âge, la durée du séjour en France conditionnent les comportements et les modes de pensée. La majorité des femmes de l'immigration a cependant en commun d'être originaire du bassin méditerranéen. Par conséquent, qu'elles soient catholiques ou musulmanes, elles ont été élevées dans une société fortement patriarcale dans laquelle le statut des femmes reste marqué par la toute-puissance des hommes et l'importance de la famille. On relève bien sûr des différences dans leurs attitudes, dans leur système de valeur selon la localisation de leur pays d'origine.

Les idéologies féministes se sont développées surtout en Europe. Ainsi, les Portugaises et les Espagnoles sont-elles plus intégrées à la vie française que les Maghrébines. Ces différences se mesurent notamment à travers le taux

1. Abdelmalek Sayad, « Les enfants illégitimes », *Actes de la recherche en sciences sociales*, mars-avril 1979, p. 128.

d'activité féminin (ou le désir de travailler) qui varie d'une communauté à l'autre chez les femmes de plus de vingt-cinq ans. Parmi les demandeurs d'emploi de nationalité portugaise, 53 % sont des femmes, alors que les demandeuses d'emploi de nationalité algérienne ne représentent que 21 % des Algériens inscrits à l'ANPE [1].

Ce sont les femmes les plus intégrées socialement et économiquement qui expriment le plus souvent le désir d'un retour au pays. Et qui partagent ainsi le souhait de leur époux. Mais le paradoxe n'est qu'apparent. Les Portugaises et les Espagnoles, par exemple, ont souvent émigré en France avec le même projet que leur conjoint (ou celui qui allait le devenir) : travailler, faire suffisamment d'économies pour retourner ensuite s'installer en Espagne ou au Portugal. En revanche, les Maghrébines, les Turques, les Italiennes du Sud, les Africaines se trouvent dans une situation plus ambiguë, plus inconfortable. Elles ont le plus souvent émigré sans connaître la langue française et sans l'intention ou l'ambition d'obtenir un emploi, puisque le salariat féminin ne fait pas partie de leur culture. Celles-ci vivent en recluses pendant de longues années, non seulement à cause de la pression qu'exerce leur communauté, mais aussi par crainte d'un environnement ressenti comme hostile et corrompu. Ce sont elles qui maintiennent à l'intérieur du foyer les traditions ancestrales et « la mentalité », expression qui revient sans cesse pour opposer le laxisme des mœurs occidentales au rigorisme dans lequel elles ont été élevées. Elles se sont donné pour mission de transmettre aux enfants l'éthique ainsi que l'art de vivre, de se comporter qui leur permettront de rester algériens, turcs, marocains.

1. Au 31 décembre 1982.

Afin qu'ils puissent tous rentrer un jour en Algérie, en Turquie ou au Maroc sans trop de difficultés d'adaptation. Elles constituent l'axe autour duquel gravite la famille.

Ces femmes, d'apparence très étrangère parce qu'elles continuent de porter leurs costumes traditionnels, parce que beaucoup restent analphabètes, ont pourtant changé elles aussi. Certaines ont commencé à sortir de chez elles. Par commodité d'abord. Un jour, leur époux a fini par trouver utile de leur confier les démarches administratives qu'il ne pouvait accomplir sur son temps de travail. Par nécessité ensuite. Accompagner les enfants à l'école, au centre de PMI, à l'hôpital n'est pas une affaire d'homme. Progressivement, ces immigrées ont obtenu la permission d'assister au cours d'alphabétisation ou de cuisine du centre culturel voisin. Là, elles ont rencontré d'autres femmes, et notamment des Françaises. Bien que ne pouvant faire leur une conception de la vie qu'elles considèrent comme frivole, elles ont pu comparer les avantages et les inconvénients de leur situation par rapport à celle des autres femmes. Une faille est apparue dans leurs certitudes. Celle-ci s'agrandit encore le jour où le modèle imposé par leur milieu, et qu'elles portaient en elles, n'est plus accepté par leurs propres filles.

Des femmes sous influence

Les pays d'origine, ceux du monde musulman en particulier, ont vu monter avec inquiétude cette évolution des femmes de l'immigration. Ils redoutent que ces émigrées, si elles devaient un jour repasser durablement de l'autre côté de la Méditerranée, n'exercent une influence redoutable sur leurs compatriotes. Chaque congrès de l'Union nationale des femmes algériennes est l'occasion de faire parler quelques-unes de celles qui vivent en France (et militent à l'Amicale des Algériens en Europe) pour qu'elles dénoncent les risques qu'y courent les adolescentes : « J'ai moi-même une fille qui s'est enfuie du domicile paternel croyant ainsi s'assumer dans une émancipation qui n'est qu'un leurre », déclare ainsi à un journaliste d'*El Moudjahid* une de ces représentantes de l'immigration. Dans un long article sur la femme marocaine au sein de la société occidentale, le journal marocain *Al Bayane*, lu dans les milieux de l'immigration, s'inquiète également du cheminement de « ces jeunes filles et jeunes épouses épanouies en France ou y ayant immigré récemment avec leurs parents ou leur mari (...) Les unes et les autres savent s'intégrer à la " mode " française et s'adapter facilement au modernisme occidental. Mais dans la plupart des cas, elles veulent imiter à outrance les habitudes de la jeune Française et commettent généralement des imprudences aux conséquences souvent irréparables ».

A ces femmes qui, dangereusement, tournent le dos à la tradition, l'auteur de l'article oppose celles qui « ne sont affectées par aucune pathologie sociale occidentale qui puisse mettre en péril ou rompre leur équilibre familial. Il existe, au contraire, parmi la population émigrée, d'authentiques femmes marocaines, les plus nombreuses et de loin, ambassadrices de notre honneur, de notre culture, de nos traditions séculaires, de notre entité arabo-musulmane et invulnérables aux nuisances et à la pollution des mœurs dépravées [1] ».

1. « La femme marocaine dans la société musulmane », *Al Bayane*, 25 janvier 1980.

Les femmes immigrées, que tout désigne pourtant comme les gardiennes des traditions et du pays, ont commencé à comprendre qu'un retour ne serait pas forcément heureux pour elles. Ce qu'elles ont gagné en France d'indépendance n'est-il pas plus précieux? Elles ont conscience d'avoir évolué : « On a pris l'habitude de la France; là-bas, ce n'est pas pareil : tout le monde regarde ce que fait la voisine, la belle-sœur (...) on n'est pas libres (...) Ici, quand on a des problèmes, il y a des aides : l'assistante, elle remplit les papiers pour tout le monde pareil : là-bas, si tu ne connais personne, si tu ne peux pas donner d'argent, tu n'as rien (...) même pas la fiche d'état civil à la mairie! Si le mari est malade, si on a des problèmes avec le loyer, ici, on peut demander un secours; là-bas, rien [1]! » Il n'est pas rare que la femme déclare qu'elle ne suivra pas son mari si celui-ci décide de rentrer : « Il repart s'il veut, moi je reste ici. » Lorsque cette évolution, cette prise de conscience s'accompagne de la volonté d'adopter le mode de vie occidental, de violents conflits familiaux éclatent. Divorces, répudiations, séparations ne sont plus rares dans la communauté musulmane. Et leur nombre ne cesse d'augmenter. Ces ruptures plongent des femmes sans expérience professionnelle et sans formation dans la misère et la solitude, avec leurs enfants quand elles en ont. Ces séparations, dont on les tient pour responsables à cause de leur désir d'émancipation, les coupent de leur famille. Rejetées aux marges de la communauté qui était jusque-là leur seul point d'ancrage, elles entament tant bien que mal une nouvelle existence. Celles-là ne quitteront jamais la France. Et leurs enfants non plus.

1. Henri Le Masne, *Le Retour des émigrés algériens*, CIEM, 1982.

La seconde génération n'existe pas

Les enfants des femmes et des hommes immigrés constituent ce que l'on appelle de manière impropre la « seconde génération » de l'émigration. Ce terme revient dans la presse, à la télévision, dans les conversations, sans que jamais on ne s'interroge sur ce qu'il recouvre exactement. Or, cette expression, née en Suède au début des années 1970, reprise par les « eurocrates », est à la fois inadéquate et inadmissible. Elle est inadéquate dans la mesure où elle désigne tous les enfants des immigrés, en bloc, comme s'ils étaient dotés de caractéristiques spécifiques. Elle ignore que, dans la même famille, plusieurs générations d'enfants peuvent se côtoyer sans partager la même conception de leur état, ni connaître les mêmes difficultés à se situer socialement.

Les aînés, arrivés sur le territoire français alors qu'ils étaient encore pré-adolescents ou adolescents, partagent avec leurs parents les mêmes souvenirs de la terre natale. Ils ont vécu, eux aussi, l'aventure et le drame de l'émigration. Ils pratiquent la langue maternelle de leurs origines et ont commencé, parfois même terminé, leur scolarité ailleurs qu'en France. La transplantation reste pour eux un traumatisme. Elle leur a été imposée à un âge où la séparation d'avec le milieu est particulièrement déchirante. Ils demeurent comme leurs parents, et parfois même davantage qu'eux, attachés au pays qui leur sert de référence affective. Qu'ils rêvent ou non de retour, ils ne se posent pas de problème d'identité : parmi les Français, ils se considèrent comme des étrangers. Ces enfants d'émigrés, émigrés eux-mêmes, continuent, comme leurs parents, à cultiver les traits de leur culture.

Cela n'est déjà plus vrai de ceux qui sont arrivés en France alors qu'ils étaient tout petits. Comme le dit l'un d'eux, « je ne suis pas né ici, mais je ne suis pas venu non plus. On m'a amené ». Pour ceux-là, comme pour ceux qui y sont nés, la France est tout naturellement devenue le point d'attache social et affectif.

L'expression « migrants de la seconde génération » mélange donc des jeunes différents, par leur passé, leur perception d'eux-mêmes, leur vision de l'existence qui les attend. Ajoutons que lorsqu'elle est utilisée pour stigmatiser, globalement, cette population de jeunes supposée prédélinquante ou délinquante, mal dans sa peau et inquiétante, on entre de plain-pied dans le discours raciste. En effet, cette notion de « seconde génération » d'émigrés n'est pas seulement une commodité de langage. Elle est chargée d'un contenu inadmissible au plan moral et politique : elle nomme pour exclure, marginaliser. Elle nie une évidence : ces jeunes ne sont pas des immigrés pour la simple raison que la plupart d'entre eux n'ont pas émigré. En les désignant à travers l'émigration de leurs parents, on les identifie à ces derniers, à une histoire qui constitue leur héritage mais qui n'est pas le seul élément constitutif de leur identité. Tout se passe comme si on voulait leur assigner le même rôle social, les cantonner dans les mêmes fonctions économiques que leurs parents. Comme si, encore, on voulait nier le fait qu'ils sont ce que la France a fait d'eux.

Ces enfants, ces jeunes ont grandi dans les banlieues de nos villes sans qu'on se soucie de leur existence et de leur avenir. Il a fallu attendre février 1981 pour que le Haut Comité de la population se préoccupe de leur sort, qu'il demande qu'une étude soit réalisée et des propositions avancées pour faciliter leur insertion dans la société française [1]. Le rapport remis au ministère du Travail en 1982 est, comme la plupart des documents de ce type, d'une très grande qualité. Son diagnostic est brutal. Il aurait dû ouvrir les yeux des pouvoirs publics, inciter ceux-ci à informer la population française et la préparer à l'inévitable : ces jeunes ne partiront pas. Même s'ils ne se sentent pas vraiment chez eux en France, ils ne se connaissent pas d'autre pays d'origine. « C'est tellement compliqué de faire comprendre aux Français que l'on peut-être d'ici et de là-bas (...) Avoir deux pays en somme. » « L'Algérie est mon pays de toujours, et la France, mon pays de tous les jours », lance un jeune Algérien interrogé à la télévision. La quasi-totalité des enfants d'émigrés d'origine algérienne se reconnaîtront dans ces paroles.

Cela n'empêche pas certains d'entre eux de parler de retour. Leurs parents n'ont cessé de l'évoquer pour toute la famille. Mais, chez ces jeunes, l'idée de ce départ éventuel paraît être davantage une affirmation de leur identité qu'un véritable dessein. Ce qu'il importe de bien saisir ici, c'est l'influence qu'exerce ce projet sur le processus d'insertion, son effet déstabilisateur. Il constitue un refuge mythique, une « porte de sortie » potentielle, alors que le jeune se heurte aux difficultés de la vie scolaire ou professionnelle et au racisme. A moins que ce retour ne soit vu comme une issue redoutée, dont l'expulsion constitue la forme la plus dramatique.

S'il arrive que ces jeunes choisissent de rentrer dans le

1. James Marangé, André Le Bon, *L'Insertion des jeunes d'origine étrangère dans la société française*, La Documentation française, 1982.

pays de leurs parents, c'est toujours à la condition de pouvoir revenir en France en cas d'échec. Car ils savent que ce retour aux sources est risqué. Voilà pourquoi ils souhaitent avoir le droit à l'essai : « Le voyage que je vais faire, ce sera un voyage purement expérimental. Moi, j'y vais pas avec l'espoir d'y rester définitivement, j'y vais pour rester, enfin pour essayer de voir un peu mes réactions à cette nouvelle société. J'y resterai le temps qu'il faudra. J'essaierai de vivre et, si ça ne marche pas, j'y resterai pas [1]. » D'ailleurs, la plupart de ceux qui « rentrent » avec succès sont ceux qui avaient déjà réussi leur insertion en France.

Il arrive que les filles d'immigrés évoquent également l'idée de retour, bien que celui-ci paraisse pour elles encore plus aléatoire que pour les garçons. Chez ces jeunes filles, le contraste avec leur mère est saisissant. Elles parlent français et, tout en se soumettant aux contraintes familiales et sociales qu'impose la tradition, leur désir d'émancipation est très fort. Elles sont plutôt plus nombreuses que les garçons à arriver au bac. Elles travaillent ou cherchent à travailler. On voit aujourd'hui des filles aînées, traditionnellement vouées à se sacrifier et à seconder la mère, faire des études, prendre un emploi. Et ce sont les filles qui poussent les garçons à évoluer. Leurs aspirations sont loin d'être acceptées par la famille, en particulier par le père et les frères. Ceux-ci se montrent particulièrement attentifs à l'influence exercée par le milieu français sur elles, influence que, dans l'ensemble, ils jugent détestable. « Je t'enverrai au pays pour être une vraie jeune fille », menace plus d'un père.

Dans certains cas, les tensions sont si fortes que les filles

1. Henri Le Masne, *op. cit.*

rebelles peuvent être soumises à un violent chantage, voire à une séquestration. La résistance des familles à l'évolution des filles est d'autant plus forte que les parents s'accrochent à l'espoir, peu réaliste, de rentrer au pays avec toute la famille. Pour un travailleur maghrébin, voir sa fille échapper aux servitudes de la « mentalité », c'est comprendre qu'elle ne retournera jamais dans son pays, à lui. Son propre retour et celui de son épouse risquent, de ce fait, d'être définitivement compromis, sauf à accepter une douloureuse séparation.

On ne peut donc parler de retour des immigrés sans prendre en compte ces enfants, ces adolescents, ces jeunes adultes. Ils étaient, selon James Marangé et André Le Bon, plus de 2,2 millions de moins de vingt-six ans en 1980. C'est que, à juste titre, les auteurs du rapport prennent en considération tous les jeunes d'origine étrangère sans s'arrêter au seul critère de nationalité [1]. Parmi ces enfants de l'immigration, certains en effet possèdent déjà la nationalité française. Il s'agit des enfants nés en France après le 1er janvier 1963 de parents algériens [2]. Également des enfants nés sur le sol français de parents étrangers et qui deviennent automatiquement français le jour de leur majorité, sauf s'ils ont, dans l'année qui précède leurs dix-huit ans, déclaré expressément vouloir garder la nationalité de leurs parents. Leur nombre ne cesse d'augmenter, aussi bien en raison du regroupement familial que du taux de natalité qui est plus élevé dans les milieux immigrés que dans la population d'origine française.

1. Sauf les enfants de Français musulmans originaires d'Algérie.

2. Par le jeu des accords d'Évian, ils sont français bien que le gouvernement algérien les revendique comme algériens, parce que leurs parents, qu'ils soient nés en France ou en Algérie avant 1962, sont considérés comme ayant été français.

L'impossible retour

Les enfants d'immigrés qui naissent aujourd'hui en France grandiront-ils dans une société qui les rejette? Entreront-ils dans l'âge adulte, comme leurs aînés, en situation d'échec? Si la réponse devait être oui, si les Français, s'accrochant à leur illusion, comptaient sur le départ prochain de tous les immigrés, jeunes ou moins jeunes, pour résoudre les problèmes qu'ils posent à la société française, le réveil n'en serait que plus brutal. Une population de plus en plus nombreuse, vivant à la frange du tissu social, mal acceptée, mal intégrée, continuera d'alimenter les fantasmes racistes, d'attiser la violence physique de groupes extrémistes, ainsi que la violence verbale d'une fraction de la classe politique.

Les immigrés, nous l'avons vu, ne sont pas repartis d'eux-mêmes dans leur pays d'origine, sauf quand ils l'ont pu, sauf quand ils l'ont voulu. Bien entendu, il faut tout faire pour faciliter le retour de ceux qui veulent rentrer. Mais combien d'immigrés sont encore vraiment concernés?

Dans son intéressante étude sur le désir de retour des émigrés, Henri Le Masne a mis en évidence toutes les nuances qui colorent l'image de ce retour dans l'esprit des jeunes ou de leurs aînés, des femmes ou des jeunes filles. Il s'agit d'une des seules enquêtes de ce type réalisée auprès d'un échantillon de la population immigrée. Effectuée d'abord en 1972-1973, avec un contrôle huit ans plus tard pour mesurer le chemin parcouru entre les intentions et les actes, son résultat le plus éloquent est de montrer que sur les 80 personnes appartenant au groupe étudié, la plupart résident encore en

France. Aucun homme marié ayant sa famille n'est reparti dans son pays d'origine. Aujourd'hui, conclut H. Le Masne, « le passage à l'acte, à moins de contrainte brutale, a peu de chances de s'effectuer, pour les incertains et même pour une partie de ceux qui envisagent de rentrer. Car ces hommes qui ont trouvé en France des conditions de vie relativement favorables, même si elles sont dures, ne sont pas prêts, dans leur majorité, à partir à l'aventure, comme ils l'ont fait plus jeunes quand ils sont venus. Il leur faudrait, pour partir, avoir des assurances, être sûrs d'avoir là-bas des possibilités de vie correcte, pour eux et leurs enfants ».

Or, ces assurances n'existent pas, ou sont bien minces. Un certain nombre des pays d'émigration ne se posent même pas la question du retour de leurs émigrés. Ceux qui s'y emploient – mais le discours officiel peut être trompeur [1] – n'ont ni les moyens ni sans doute le désir réel de faire rentrer leurs exilés.

La situation économique, la menace du chômage ou sa réalité rendent chaque jour plus aiguë l'envie de rentrer au pays chez un bon nombre de travailleurs immigrés. On l'a vu, au début de 1984, à Poissy, à l'occasion des licenciements chez Talbot : le « droit » au retour, c'est-à-dire son financement par la France, est devenu une revendication exprimée collectivement. Des groupes d'ouvriers, courcircuitant les syndicats, ont désigné leurs propres porte-parole pour défendre leurs intérêts et obtenir du gouvernement français, du patronat ou des deux ensemble le paiement d'indemnités le plus élevées possibles en échange de leur départ définitif.

1. Lors de sa visite officielle en France en novembre 1983, le président algérien Chadli Benjedid a renouvelé l'invitation permanente faite par son pays à ses ressortissants émigrés de rentrer chez eux.

Une issue de secours s'est-elle entrouverte pour ces hommes? Les pouvoirs publics croient-ils trouver là le moyen de résoudre « en douceur » le problème économique, social, humain que pose la présence sur le marché de l'emploi de prolétaires désormais inadaptés à une économie en mutation? Peut-être. On ne sait cependant combien d'immigrés en profiteront.

Le montant de ces indemnités pèse d'un poids décisif sur la décision de partir ou de rester. « L'aide au retour » n'est incitative qu'à partir du moment où elle couvre les frais de déménagement de la famille, son installation au pays et le redémarrage professionnel du père. Psychologiquement, l'immigré veut rentrer chez lui la « tête haute ». C'est-à-dire le portefeuille suffisamment garni. S'il ne le peut pas, il préfère ne pas quitter la France. Surtout si sa femme exprime des réticences. « Dans l'intérêt des enfants », dira-t-elle. Et ceux-ci, on l'a vu, dès lors qu'ils ne sont plus tout petits, ne montrent guère d'enthousiasme à l'idée de suivre leurs parents. L'autorité du père sur eux n'est plus ce qu'elle était...

Pris en tenaille entre la certitude que leur propre avenir professionnel n'est plus ici et la volonté d'assurer l'éducation et l'avenir de leurs enfants, ces ouvriers chômeurs, ou chômeurs potentiels, vivent des heures réellement tragiques. Le retour dont ils rêvaient, les y voilà contraints. Brutalement, dans la précipitation et le déchirement. On peut craindre qu'un certain nombre d'entre eux ne s'en aillent que pour mieux revenir, dans quelques mois, grossir en France les rangs des travailleurs clandestins, déçus par leur retour, source d'un nouveau déracinement. Encore qu'il soit possible que certaines familles réussissent leur réinsertion : celles qui ont vécu relativement peu de temps en Europe, celles dont les enfants sont encore très jeunes, celles qui n'auront pas trop modifié leur manière de vivre.

Reste que les Français ne doivent compter, ni pour l'immédiat ni pour l'avenir, sur le départ d'un très grand nombre d'étrangers. A moins qu'à la suite de bouleversements politiques ne soit décidée leur expulsion. Il s'agirait, alors, de procéder à leur déportation massive, ni plus ni moins. Une folie politique et économique – de surcroit moralement inacceptable – à laquelle la France ne peut envisager de s'abandonner.

Cela n'empêche pas les extrémistes irresponsables d'agiter le chiffon rouge de la tentation. Leur audience progresse. Ce phénomène nouveau et inquiétant transforme insidieusement les règles du jeu politique et rend désormais nécessaire la mise en place d'un contre-feu. Pour barrer la route au racisme.

CHAPITRE II

« La France aux Français! »

De Dreux à Marseille, de Roubaix à Grenoble, de Mulhouse à Toulon, notre pays a connu en 1983 une grave poussée de fièvre politique : la réapparition inattendue et brutale du racisme idéologique dans une campagne électorale. Sous le prétexte qu'il y aurait trop d'immigrés en France. En quelques semaines, la présence des étrangers est devenue un enjeu, perturbant les élections municipales, masquant leur véritable objet. Depuis, la poussée de fièvre n'est retombée qu'en apparence. Elle couve. Elle remontera.

L'extrême droite, marginalisée depuis l'écrasement du nazisme, s'est lancée dans la bataille aux cris de « Renversez le flux de l'immigration ». Ce qui signifie en clair : expulser les immigrés, purger le paysage national de leur présence colorée, rendre « la France aux Français ». Ce slogan s'est révélé si payant qu'on a vu une partie de l'opposition tendre la main aux extrémistes, pour s'assurer la victoire électorale. Depuis toujours, on savait la droite élitiste et inégalitaire. Depuis 1945, cependant, on pensait que la dénonciation du racisme faisait partie du minimum commun à l'ensemble de la classe politique française. On a découvert qu'il n'en était rien.

Il est vrai que la poussée soudaine de ce « racisme

d'opposition[1] » n'a fait que confirmer une histoire déjà ancienne, dont les signes annonciateurs s'accumulaient depuis une dizaine d'années. La politique giscardienne de l'immigration a commencé, on s'en souvient, par un petit déjeuner à l'Élysée offert à des éboueurs maliens. Elle s'est conclue par les expulsions brutales qu'autorisait la loi Bonnet. Pendant cette période, les actes à caractère raciste se sont multipliés, et la plupart sont restés impunis. Mais on refusait de voir dans ces violences, dans les mesures prises à l'encontre des étrangers, dans la volonté officielle de réduire par tous les moyens le nombre des immigrés, ce qui pouvait annoncer la renaissance du racisme. Les explosions sporadiques de xénophobie étaient considérées comme des égarements passagers, la manifestation d'attitudes individuelles plus que collectives, l'expression d'un climat local plus que national. Lorsque les militants des associations qui se préoccupent de la défense des droits de l'homme et de la lutte contre le racisme ont sonné l'alarme, on ne les a guère écoutés, sinon dans leurs chapelles. Leurs alliés naturels que sont les partis de gauche les ont même soupçonnés de paranoïa.

Depuis mars 1983, cependant, plusieurs consultations l'ont confirmé : il suffit de tenir aux électeurs un discours qui flatte leurs sentiments xénophobes pour recueillir leurs suffrages. Peut-être plus encore qu'un vote sur l'immigration, c'est un rejet de la démocratie qui s'exprime ainsi, une réaction anti-partis, anti-institutions, comme la France en a déjà vécu. Le score de 12 % réalisé par Jean-Marie Le Pen dans le Morbihan en décembre 1983

1. L'expression de « racisme d'opposition » est d'Albert Lévy, secrétaire général du MRAP.

ne s'explique pas autrement. Une fraction de l'électorat ne se reconnaît ni dans la droite traditionnelle ni dans la gauche au pouvoir : elle se laisse séduire par des incantations dont la violence et le simplisme auraient, en d'autres temps, suscité l'indignation ou le rire.

Drôle de campagne

Dans ce climat, le fait que les immigrés soient là pour de bon est devenu une vérité explosive. La droite se garde bien de la dire aux Français. La gauche hésite à la faire éclater. Pendant de longs mois, ni les partis politiques ni les forces syndicales, et pas davantage le gouvernement, n'ont réagi avec conviction et vigueur devant l'émergence sournoise puis triomphante du discours anti-immigrés. La campagne des municipales de 1983 ne l'a que trop montré.

Ce n'est pas d'hier qu'il y a des immigrés en France. On aurait pourtant pu croire, à entendre certains candidats, que la présence « excessive » des étrangers ainsi que les difficultés de cohabitation entre communautés étaient imputables à la gauche.

L'opposition a proposé de rendre « Marseille aux Marseillais », exigé que « les Drouais passent d'abord ! ». Slogans anodins en apparence, puisque l'objet d'une élection locale est de trancher d'affaires locales. Curieuse poussée, en vérité, de nationalisme municipal ! Car afficher sur les murs « Marseille aux Marseillais » ou « Les Drouais d'abord », c'est exclure ceux qui ne seraient ni de « vrais » Marseillais ni de « vrais » Drouais. Et personne n'est dupe.

Pas même les derniers Français arrivés dans la ville par un hasard personnel ou professionnel : être marseillais ou drouais, ce n'est pas être de Marseille ou de Dreux, mais être français, avoir un nom aux sonorités familières et le teint le moins mat possible. Ahmed ou Djamila peuvent habiter la ville depuis trente ans, payer scrupuleusement leurs impôts, ils ne sont ni marseillais ni drouais. Ils ne le sont pas davantage aux yeux des partis, puisqu'ils ne votent pas. Et en admettant qu'ils votent – ils peuvent par un caprice de l'histoire ou du droit être français eux aussi –, on ne leur demande qu'une chose : qu'ils se fassent oublier, qu'ils disparaissent dans la masse, qu'ils se taisent.

Écoutons un de ces immigrés juger cette triste campagne : « Arrivées à un certain degré de subtilité politico-statistique, les équations politiques deviennent incompréhensibles pour de simples pékins comme nous (...) Dans les non-états-majors de non-citoyens que nous sommes, on apprend de source non autorisée que les dindons de la farce de ces élections sont bel et bien Mohammed, José, Antonio, Amadou, et les quelques millions d'autres basanés qui ont envahi la France (...) Cela dit, quel honneur, pour des moins que rien, des bougnoules, des ratons, et j'en passe, d'avoir été le thème numéro un de cette campagne électorale honteuse, haineuse et à tous égards dangereuse. On n'a jamais autant parlé de nous, à tel point que l'on est en droit de se poser la question suivante : Et si on n'était pas là, et si nous avions tous décidé d'aller nous faire bronzer ailleurs? De quoi ces braves hommes politiques auraient-ils bien pu parler? Sur quoi auraient-ils pu mobiliser leur électorat respectif [1]? »

1. Adil Jazouli, in *Sans frontières,* avril 1983, p. 12.

Ce fut une drôle de campagne que celle de cet hiver-là, marquée par des alliances qu'on aurait jugées contre nature il y a peu de temps encore, où se sont côtoyés sur les mêmes listes des membres du RPR et des extrémistes de droite. Comment ne pas s'étonner de voir ceux qui se disent héritiers du gaullisme faire liste commune avec d'autres dont les publications exaltent la mémoire de Bastien-Thiry? Depuis 1945 et jusqu'aux élections de 1983, la droite s'était contentée de capitaliser au second tour du scrutin les voix moissonnées par l'extrême droite. Cette fois, pour gagner, elle a franchi le pas, non seulement par le jeu des alliances, mais également en utilisant, pour son propre compte, les thèmes de l'extrême droite, là où celle-ci était trop faible pour diffuser elle-même des slogans racistes. Un exemple : Maurice Arreyx, maire UDF sortant de Toulon, déclare : « J'ai le devoir de dire tout haut ce que tout le monde pense tout bas et n'ose plus dire. » Quoi donc? « Notre pays est devenu une poubelle (...) [1]. »

Toute la droite ne s'est pas exprimée avec la même impudeur. Souvent les têtes de liste de l'opposition, prudentes dans leurs propos, ont laissé faire le « sale boulot » par des extrémistes, et récupéré leurs suffrages le moment venu. Ou elles ont confié à des « seconds couteaux » le soin de propager des idées publiquement indéfendables mais qui diffusées tout bas pouvaient améliorer leurs chances de succès. Ainsi Jean-Claude Gaudin, leader à Marseille de la liste « Marseille aux Marseillais », a eu l'habileté de ne pas s'expliquer au grand jour sur l'intitulé de sa liste, abandonnant à ses colistiers, Joseph Comiti ou Hyacinthe Santoni, le soin d'éclairer les élec-

1. *L'Express*, 28 janvier 1983.

teurs sans équivoque possible. Ainsi, Alain Carignon, leader de l'opposition à Grenoble, jeune homme poli, bon chic, bon genre, a laissé se développer dans la ville, sans les dénoncer, des rumeurs destinées à discréditer son adversaire, Hubert Dubedout.

Des rumeurs infâmes

Rumeurs à Grenoble, mais également à Dreux, à Chambéry et ailleurs qui, toutes, misaient sur la xénophobie des électeurs. Comment? En laissant croire à une collusion coupable ou inavouée entre certains candidats et le monde de l'immigration. Que distillaient ces rumeurs? Des ragots sans fondement mais qui, rapportés sur le ton de la confidence, chez les commerçants, entre voisins, entre amis, prennent une consistance, pour ne pas dire une croustillance, redoutable. Ces rumeurs ont une efficacité bien supérieure à celle des meetings où ne viennent que les convaincus. Elles pénètrent d'autant plus facilement dans l'électorat qu'elles n'ont apparemment rien de politique et concernent la personne même du candidat visé, son histoire, sa vie privée. Le but de telles manipulations est de donner de celui-ci une image suspecte au regard des intérêts de la communauté qu'il entend représenter. A Grenoble, on a prétendu que M. Dubedout avait une mère kabyle. A Chambéry, on a prêté au jeune maire socialiste sortant – qu'on a appelé le camarade Mohamed Ampe – une maîtresse maghrébine. A Dreux, on a doté le maire (femme, et célibataire de surcroît) d'un amant algérien et d'un enfant noir de dix ans, soigneusement caché. Pour faire bonne mesure, on lui a encore attribué un fils de seize ans né d'une relation inavouée avec un Marocain... Que faire contre de tels récits dont la volonté calomnieuse est évidente, et qui prennent, tant ils sont émaillés de détails imaginaires mais précis, des accents de vérité imparable? M. Dubedout confie : « Je recevais des lettres qui me mettaient en demeure de prouver que je n'avais pas de mère kabyle. En quarante, des Français ont été assez lâches pour déclarer publiquement qu'ils n'étaient pas juifs. Certains, au PS, auraient voulu que je démente être kabyle (...) Je préfère perdre une élection plutôt que de céder à cette lâcheté [1]. » Nombre de candidats de gauche n'y cédèrent pas davantage et furent battus. Grenoble, Chambéry, Suresnes, Roubaix, Nantes... ont ainsi été perdus par des socialistes irréprochables, au moins sur ce plan-là. Eussent-ils agi autrement, ils n'auraient pas forcément convaincu.

Ces bruits et rumeurs, qui ont agité de façon profonde les villes de France, n'ont pas eu seulement pour cible la personne des candidats mais également l'action municipale des sortants. A Valence, quelques jours avant le scrutin, on a prétendu que le maire socialiste, incertain de sa réélection, avait fait naturaliser *in extremis* 300 Maghrébins. La rumeur ne s'est pas éteinte le soir du vote. Plusieurs mois après, on racontait encore que Rodolphe Pesce ne devait sa victoire qu'à ces naturalisés de la dernière heure. A Suresnes, Nantes, Grenoble, on rapportait comme allant de soi que les maires socialistes sortants favorisaient les étrangers aux dépens des Français pour l'attribution de logement sociaux. Ailleurs, comme à Dreux ou à Aurillac, on « accusait » la mairie socialiste de construire une

1. *Psychologies*, n° 1, mai 1983, p. 35.

mosquée, ignorant le principe républicain de la séparation de l'Église et de l'État. Il a suffi, à Dreux, que des Marocains fassent des travaux dans un local commercial leur appartenant afin de le transformer en lieu de rencontre culturel et cultuel pour qu'on parle avec indignation du minaret qui allait s'élever parmi les tours, financé par des fonds municipaux ! Au même moment, d'un bout à l'autre de la ville, on annonçait comme certaine l'arrivée massive d'étrangers. Ils allaient surgir aussi sûrement que les pillards et les bandits de la « Grand'Peur » de 1789 ! A Dreux, d'ailleurs, où la dimension de la ville est propice à la diffusion de rumeurs, la prétendue arrivée d'immigrés est devenue une habitude.

Les Asiatiques arrivent !

En 1977, déjà, au lendemain de la victoire de la liste de gauche à la mairie, la ville avait été prise de frissons à l'idée que le maire allait remplir le nouveau quartier des Bâtes avec... 30 000 Asiatiques. Soit l'équivalent de toute la population drouaise ! En mars 1982, le candidat d'extrême droite racontait que les « socialo-communistes » de la municipalité allaient faire venir 300 Turcs. En quelques semaines, les 300 devinrent 3 000. Aujourd'hui encore, dans les campagnes environnantes, on reste persuadé que ces Turcs ont débarqué. Certaines bonnes âmes expliquent aux incrédules qu'ils ont été installés de nuit par les services municipaux dans des logements préparés à leur intention : c'est pour cela qu'on ne les a pas vus venir !

Pendant l'hiver 1983 le fantasme de l'invasion fit également des ravages à Lens et à Bruay-en-Artois, où l'arrivée de centaines de Marocains, auxquels on réservait les logements des houillères du Bassin Nord-Pas-de-Calais, était donnée pour certaine[1]. A Boulin, près de Bruay, l'opposition distribua un tract qui demandait quels emplois, quelles maisons allaient être donnés aux 500 à 700 travailleurs d'Afrique du Nord arrivés à Boulin. Pur mensonge que ces chiffres, bien sûr. A Villefranche-sur-Saône, on affirmait jusqu'à l'automne 1983 que « 1 500 à 1 800 immigrés devraient quitter les Minguettes de Vénissieux pour venir s'installer à Villefranche ».

On le voit, le point commun de ces rumeurs, ce fut l'immigration. Qui les a répandues? On ne le saura sans doute jamais avec précision. Mais on sait à qui elles ont profité. A Dreux, toujours, on a vu de prétendus représentants de commerce investir pendant quelques jours les cages d'escaliers des HLM les plus pauvres. Se faisant passer pour des vendeurs d'aspirateurs, ils étaient porteurs d'un bien curieux message :

« C'est un très bon appareil. D'ailleurs le Marocain du dessous vient de m'en acheter un.

– ...

– Vous n'avez pas les moyens? Vous êtes au chômage? Vous savez que Françoise Gaspard lui a trouvé du travail, au Marocain? On dit qu'elle est très bien avec les immigrés. »

Quelques semaines plus tard, on ne parlait plus dans les cités que d'Arabes et de Turcs embauchés par la mairie alors que de « bons Français » dans le besoin attendaient

1. Il ne suffit donc pas qu'il y ait un pourcentage important d'immigrés dans la ville pour que le racisme devienne un argument électoral : il n'y a à Bruay que 3,6 % d'étrangers et à Lens 6,5 %.

un hypothétique emploi. On colporta même de façon persistante le ragot selon lequel un immigré avait d'autant plus de chances d'être engagé par les services municipaux qu'il était repris de justice! Le chef de file de l'extrême droite, aujourd'hui élu, et qui avait fini par croire à l'histoire à force de la répéter, commit l'erreur de la rapporter avec maints détails au cours d'une conférence de presse. Un journal local commit à son tour celle de la reproduire sans aucune réserve, *précisant* même qu'un commissaire de police soupçonné par la municipalité d'être trop vigilant à l'égard de la délinquance immigrée avait été muté à la demande du maire [1]. L'auteur de ces propos, Jean-Pierre Stirbois, secrétaire national du Front national, alors numéro deux de la liste d'opposition, fut condamné pour diffamation. Mais le mal était fait.

Plus la calomnie est grosse, plus elle prend l'apparence de la vérité. La fameuse « lettre à Mustafa » en est le meilleur exemple. On ignore qui l'a rédigée. On sait seulement qu'elle a brusquement surgi, ici et là, dès le printemps 1982. Elle a d'abord circulé de main en main : quelqu'un la recevait de quelqu'un, qui la tenait de son meilleur copain, qui lui-même l'avait obtenue en confidence de quelqu'un qui... etc. Elle a été ensuite systématiquement reproduite et distribuée dans la plupart des villes de France sous l'apparence d'une lettre authentique. Un certain Ben Ahmed Sidi y invite son ami Mustafa, resté au pays, à le rejoindre pour profiter des multiples avantages dont bénéficient en France les immigrés, toujours au détriment des Français : « Avec la grâce d'Allah tout-puissant, nous sommes devenus les maîtres et sei-

1. *L'Action républicaine*, journal appartenant au groupe Hersant.

gneurs de France. Je me demande pourquoi tu hésites à venir nous rejoindre.

» Ici, tu travailleras et tu seras considéré. Ta femme et tes enfants viendront te rejoindre. Tu verras, c'est très intéressant, les allocations surtout lorsque tu as 10 à 15 enfants. Attention : une seule de tes femmes sera considérée comme légitime. Les autres seront inscrites comme célibataires ayant charge de famille. Pour les lois sociales, c'est très intéressant,

» Tu mettras tes femmes au travail, pas longtemps, juste le temps qu'il faut pour pouvoir toucher les allocations de chômage et elles iront pointer.

» Sois sans crainte, ce n'est pas difficile et cela ne prend presque pas de temps, une dizaine de minutes parce qu'il faut faire la file à cause de tous ces étrangers (les Larue, les Dupont, etc.) qu'il faut quand même faire passer. Lorsque nous serons au pouvoir, on créera des guichets pour eux. En attendant, *comme c'est les Français qui paient,* il faut se montrer patient... »

Cette lettre, une falsification digne du Dr Goebbels, continue, aujourd'hui encore, de répandre son venin. Relayée par une lettre-chaîne au titre évocateur : « Français réveille-toi! »

Les thèmes racistes et sécuritaires ont été à ce point développés pendant cette campagne que, le 15 mars 1983, au lendemain même du second tour, le représentant de la Ligue arabe à Paris a, de façon exceptionnelle, éprouvé le besoin de s'exprimer publiquement sur le sujet. Devant la presse, M'Hamed Yazid, parlant « au nom des bougnoules », a dénoncé à la fois « les forces politiques qui avaient fait du rejet des immigrés leur argument principal pour gagner des voix, et les milieux de la grosse finance française qui ont appuyé certaines campagnes à Marseille,

Lyon, Lille et Roubaix. Alors que ces mêmes milieux n'hésitent pas à solliciter les pays arabes pour leur arracher de gros contrats ».

Derrière le racisme, l'extrémisme

A peine les élections du printemps oubliées, d'autres se sont annoncées, partielles celles-là. On a voté à nouveau dans les nombreuses communes où les scrutins de mars avaient été annulés. A la fin de l'été, Dreux ouvrait le ban. Au second tour, cinq mois plus tôt, la liste de gauche ne l'avait emporté que de huit voix. Le tribunal administratif n'a pas relevé de fraude mais des erreurs dans les décomptes. La municipalité élue a renoncé à faire appel du jugement devant le Conseil d'État : elle voulait éviter à la ville de connaître des mois de campagne comparables à ceux qu'elle avait vécus au cours de l'hiver précédent. Cette fois l'extrême droite est partie sous sa propre bannière : désavouant le choix de ses militants locaux, la direction nationale du RPR a refusé l'alliance réalisée en mars dès le premier tour. Le 4 septembre, le Front national obtenait près de 17 % des voix au terme d'une campagne où il n'a pas eu besoin, cette fois, de déchaîner sa xénophobie. Personne n'ignorait plus, à Dreux, les opinions de M. Stirbois. Celui-ci pouvait désormais se montrer « tranquillement » anti-immigrés. Jouissant d'une implantation déjà solide, d'un travail de terrain commencé quatre ans plus tôt à l'occasion d'élections cantonales, il s'est contenté d'apparaître comme le défenseur des « petits Blancs », des « petits agressés », comme le rassembleur de tous ceux qui trouvaient l'opposition trop molle et la majorité trop dure. Pour le second tour, la liste de droite a immédiatement fait alliance avec l'extrême droite et assuré l'entrée, le 11 septembre, à la mairie, de dix élus membres ou sympathisants du parti de Jean-Marie Le Pen [1]. Parmi eux, deux sont devenus adjoints au maire : M. Stirbois chargé de la protection civile et l'une des colistières qui a « pris en main » la culture.

Dans les états-majors de l'opposition, l'affaire a provoqué un beau chahut. A cause de Simone Veil. Si la femme la plus populaire de France avait gardé le silence, la plupart de ses compagnons de route auraient sans doute approuvé l'alliance drouaise avec, peut-être, quelques réserves ici et là. Mais Simone Veil a parlé, dès le lendemain du premier tour, pour condamner sévèrement cette funeste coalition : mieux vaut renoncer à gagner une ville que de perdre son honneur, a-t-elle déclaré en substance. On ne s'allie par avec des gens qui défendent ces idées-là. Ses déclarations ont contraint toute la classe politique à prendre position. Rares sont ceux qui, comme Bernard Stasi ou Olivier Stirn, l'ont rejointe dans son appel à l'abstention. Certains de ses « amis » ont poussé la délicatesse jusqu'à vouloir « excuser » sa prise de position en rappelant son passé de déportée.

Mais l'alliance de la droite et de l'extrême droite à Dreux a jeté le trouble dans les rangs gaullistes comme dans ceux de l'UDF. Jean Lecanuet s'est abrité derrière le caractère local de l'élection pour approuver. Jacques Chirac a choisi de se taire jusqu'au lendemain du second

1. Une fraction de la droite locale a refusé de se compromettre dans cette opération : il s'agit de Jean Cauchon, sénateur, et de ses amis du CDS.

tour, attendant de connaître les résultats pour bénir l'union. Mais, avant lui, d'autres leaders du RPR avaient tranché : cette alliance, à leurs yeux, valait bien celle du parti socialiste avec le parti communiste. Bernard Stasi tenta de rappeler à ses alliés qu'on ne pouvait à la fois dénoncer les alliances de la gauche comme étant contraires à la morale et soutenir celle avec le Front national. En vain.

On espérait l'affaire classée et, dans les directions nationales des partis, à droite comme à gauche, on se confortait dans l'idée que Dreux était un « cas », un accident de la petite histoire électorale. Cette analyse permettait aux uns d'excuser leur lâcheté, aux autres de continuer à croire que le péril extrémiste en France n'existe pas. Moins de deux mois plus tard, il fallut déchanter. Au « troisième tour » des élections municipales d'Aulnay-sous-Bois, une liste du Front national, conduite par un nouveau venu dans l'arène politique, a fait une percée spectaculaire en obtenant presque 10 % des suffrages.

La percée électorale du Front national a eu pour première conséquence de renforcer son audience : voilà M. Le Pen invité au Club de la presse d'Europe 1, ce qui lui permet, pendant une heure, de ressasser sur les ondes son thème préféré. Il est patent que l'extrême droite s'est du coup refait une santé en même temps qu'une virginité : l'opposition l'a reconnue comme une de ses composantes. A Aulnay-sous-Bois, s'il n'y a pas eu d'alliance au second tour entre la liste du Front national et celle du RPR – à la grande fureur de M. Le Pen –, il s'en est fallu de quelques voix seulement. Si la barre fatidique des 10 % avait été franchie par l'extrême droite, aurait-on assisté à un *remake* des élections de Dreux?

En jouant sur les sentiments anti-immigrés, l'extrême droite a obtenu une réhabilitation qu'elle n'espérait peut-être pas. Quand Yvan Blot, membre du RPR, conseiller de Bernard Pons et, par ailleurs, président du Club de l'Horloge, écrit : « L'opposition ne doit pas admettre qu'une fraction du corps électoral soit mise à l'index parce qu'elle serait jugée " fasciste " [1] », ce ne sont pas quelques pages de l'histoire que tourne le plus grand parti de droite, c'est l'une d'elles qu'il choisit d'effacer : celle de l'OAS et de l'attentat du Petit-Clamart. Désormais, on peut tout craindre. Et notamment que de nombreux membres de l'opposition, à l'instar de l'extrême droite, voient dans la présence en France de travailleurs migrants « une invasion qui menace la France comme l'immigration allemande de 1939 [2] »; qu'ils n'hésitent pas à dire que les étrangers « se reproduisent comme des lapins [3] »; qu'ils affirment que les immigrés mettent en cause « l'équilibre biologique [4] » de la cité. La contamination des esprits est en marche.

Des idées qui viennent de loin

On a déjà vu le racisme et la xénophobie déferler sur la France. Même si les Français se défendent d'être racistes. Même si l'utilisation par la droite du racisme, comme

1. Compte rendu d'un séminaire qui s'est tenu le 1er octobre 1983; cité par Martine Storti, « Jusqu'où ira la banalisation », in *Les Nouvelles*, 2-8 novembre 1983, p. 21.
2. Jean-Marie Le Pen, *Le Quotidien de Paris*, 7 septembre 1983.
3. André Figueras, *Le Monde*, octobre 1983.
4. André Vabois, président du Comité de soutien de la liste d'extrême droite à Dreux, *La République du Centre*, août 1983.

arme politique, est relativement récente. Ainsi que le remarque Christian Delacampagne, bien que le discours raciste plonge dans la nuit des temps occidentaux, le mot n'est apparu en France qu'en 1932 : « Il était inutile de nommer le racisme puisqu'il n'était nullement perçu comme un choix affectif ou idéologique, qu'il ne se détachait en rien sur le fond des croyances communes à la collectivité et traditionnellement reçues, de génération en génération; bref, puisqu'il appartenait aux strates les plus profondes de ce que nous appellerions aujourd'hui la représentation occidentale du monde, une représentation sur laquelle on s'interrogeait d'autant moins qu'il était impossible d'en sortir [1]. »

Pour comprendre la dimension politique que prend aujourd'hui la résurgence des réflexes, des attitudes, des propos xénophobes, il est utile de se remémorer par quels cheminements l'idéologie raciste s'est, au fil du temps, installée dans une partie du paysage politique français.

C'est à la fin du XIXe siècle que le racisme antijuif se voit élevé au rang d'une théorie scientifique en France et en Allemagne. Le racisme, comme discours politique, se fixe alors à droite. A l'occasion du boulangisme et de l'affaire Dreyfus, la droite nationaliste fait de l'antisémitisme une véritable « conception politique... le dénominateur commun capable de servir de plate-forme à un mouvement de masse contre la démocratie libérale et la société bourgeoise [2] ». Le juif mais aussi le « métèque » (le mot est inventé par Charles Maurras en 1884) sont les

1. Christian Delacampagne, *L'Invention du racisme*, Fayard, Paris, 1983.
2. Zeev Sternhell, *Ni droite, ni gauche, l'idéologie fasciste en France*, Ed. du Seuil, Paris, 1983, p. 59.

ennemis absolus dont il faut se débarrasser pour préserver la nation et la race françaises. En réaction contre le positivisme, un courant intellectuel se développe qui s'appuie sur la philosophie bergsonienne et le darwinisme social. Il exalte les différences, crée le mythe aryen et, au nom de l'inégalité des hommes et des groupes humains, dénonce le système démocratique. Entre 1880 et 1914, une philosophie, une littérature, des mouvements politiques naissent, formulant une pensée et des thèmes auxquels la droite d'aujourd'hui ne fait qu'emprunter.

C'est à cette époque que la France connaît la première vague de réactions anti-immigrés. Dans le dernier quart du XIXe siècle, un pourcentage important de travailleurs étrangers réside déjà dans notre pays. Italiens et Belges, en majorité, ils sont venus à l'appel du patronat agricole ou industriel qui a besoin d'ouvriers en nombre toujours croissant. Une natalité française depuis longtemps déficiente, la scolarité rendue obligatoire par Jules Ferry ainsi qu'une législation qui limite l'emploi des femmes, des jeunes et des enfants, font que le pays manque de bras. En 1886, les étrangers représentent 7 à 8 % de la population active, presque autant qu'au début des années quatre-vingt, un siècle plus tard.

La grande dépression économique d'il y a tout juste un siècle (1882-1886) provoque un mouvement de rejet, que la droite exploitera et ne cessera d'attiser jusqu'à la guerre de 1914. Au nom du nationalisme, de la défense de la patrie, en s'appuyant sur une idéologie qui proclame la supériorité de la race française et les vertus de l'enracinement, la presse de droite rabâche sa xénophobie [1].

1. Par exemple : *la Libre Parole*, *l'Écho de Paris*, *l'Action française* qui devient quotidienne en 1908.

L'immigré, que l'on n'appelle pas encore ainsi, est décrit comme indésirable, fruste, brutal et inassimilable. Des troubles éclatent dans les zones à forte concentration d'étrangers. A Marseille en 1881, à Aigues-Mortes en 1893, des foules en furie pourchassent les Italiens à coups de gourdin. Ces émeutes font une trentaine de morts parmi la communauté italienne.

Juifs et métèques, comme avant guerre

Entre les deux guerres, la violence de la droite ne faiblit pas. Au contraire. D'autant plus que l'immigration tente de compenser les immenses pertes humaines subies entre 1914 et 1918 : 1,5 million de morts. Les classes d'âge qui procréent et fournissent à la population active ses éléments les plus dynamiques sont décimées. Sans compter les centaines de milliers d'hommes rentrés du front mutilés. Le nombre des étrangers, qui avait diminué, atteint une nouvelle fois, en 1931, 7 % de la population totale. A l'immigration du travail s'ajoute l'afflux de réfugiés : Russes blancs fuyant le communisme, antifascistes italiens, allemands et espagnols. L'extrême droite reprend et développe les thèses raciales et xénophobes puisées notamment chez Maurras et Barrès. La droite renoue avec l'antisémitisme militant, son mot d'ordre est « la France aux Français! », même si cela doit gêner les capitaines d'industrie et les intérêts céréaliers, gros importateurs de main-d'œuvre. La presse de droite (*Je suis partout, Gringoire, Candide, l'Ami du peuple*) en appelle à la haine raciale en prenant Léon Blum pour cible favorite. Le 13 février 1936, des étudiants passent à l'acte. Beaucoup sont des « camelots du Roy ». Léon Blum est blessé. Le 16 février, la gauche manifeste son indignation : 500 000 Parisiens défilent dans les rues de Paris. Charles Maurras n'y voit que « le Nombre, l'Asie barbare..., échappés de prison et gibier de bagne..., pègre étale, véritable écume, lie des faubourgs... venus de Russie, du Levant presque sauvage, dans lequel l'élément juif-métèque n'a pas de peine à dominer [1] ». En pleine Assemblée nationale, le 6 juin 1936, jour de l'investiture du gouvernement de Front populaire, le député Xavier Vallat lancera de la tribune : « Votre arrivée au pouvoir, monsieur le Président du Conseil, marque incontestablement une date historique. Pour la première fois, ce vieux pays gallo-romain va être gouverné par (...) un juif. J'ose dire à haute voix ce que le pays pense dans son for intérieur; il est préférable de mettre à la tête de ce pays un homme... dont les origines appartiennent à son sol plutôt qu'un subtil talmudiste! »

Pendant toute cette période, racisme et xénophobie se mêlent ou se superposent selon les besoins de l'heure. Et les textes, les actions d'écrivains comme Drieu La Rochelle ou Brasillach, de journalistes comme Thierry Maulnier, d'hommes politiques comme Déat, Doriot ou Vallat, préparent l'opinion à accepter comme normale, voire justifiée, la politique xénophobe du gouvernement de Vichy. Dès le 17 juillet 1940, une semaine exactement après le vote des pleins pouvoirs au maréchal Pétain, on relève de leurs fonctions et on interdit à un emploi public les Français nés d'un père étranger : « Nul ne

1. Cité par Jean Lacouture, *Léon Blum*, Ed. du Seuil, Paris, 1976, p. 260.

peut être employé dans les administrations de l'État, des départements, communes et établissements publics, s'il ne possède la nationalité française à titre originaire comme étant né de père français [1]. » Commentaire du journal *le Temps* : « On est presque surpris qu'il ait fallu édicter une loi si naturelle [2]. » Les premières mesures antijuives suivront peu après. Et d'autres encore, liant racisme, antisémitisme, chasse aux « métèques », dont l'effet sera de conduire des femmes, des hommes et des enfants à Auschwitz : « au nom du Peuple français », ils avaient cessé d'appartenir à une race digne de vivre.

Au lendemain de la Libération et du procès de Nuremberg, personne ne peut ignorer l'horreur des crimes nazis commis au nom de la pureté raciale. Les nostalgiques de la collaboration n'ont d'autre choix que de se taire. Désormais la condamnation « des passions xénophobes et antisémites constitue (...) une sorte de morale officielle, une sorte de consensus auquel il est de mauvais goût de manquer [3] ». Le racisme n'en continue pas moins, honteux et clandestin, de faire partie du bagage idéologique d'une partie de la droite française. Il reste l'un des principes explicatifs de sa vision de la société. Dans les années soixante-dix, on le voit de nouveau s'afficher, à l'extrémité du champ politique, dans l'orbite des revues et des clubs de la « Nouvelle Droite ». Le fait de se revendiquer comme « nouvelle » renvoie d'ailleurs cette droite au passé et pas à n'importe lequel : « neuf », « nouveau » sont, ainsi que le note Zeev Sternhell, « quelques-uns des mots clefs

1. Loi du 17 juillet 1940.
2. *Le Temps*, 21 juillet 1940; cité par Gérard Miller in *Les Pousse-au-jouir du maréchal Pétain*, Ed. du Seuil, Paris, 1975, p. 180.
3. Joseph Rovan, « Les immigrés en France », *L'Histoire*, nº 57, juin 1983, p. 17.

du fascisme [1] » dans les années d'entre-deux-guerres. A cette époque, Georges Valois, par exemple, créateur du Faisceau, préparait un « ordre nouveau » et diffusait un journal qui s'intitulait *le Nouveau Siècle*.

De la même façon que les nationalistes de la fin du XIXe siècle s'appuyaient sur les sciences sociales naissantes pour abattre le positivisme, la « Nouvelle Droite » trouve dans une science nouvelle, la socio-biologie, la « preuve » que les hommes naissent et demeurent inégaux. Popularisant des théories nées aux États-Unis pour justifier le maintien d'une législation discriminatoire à l'égard des Noirs, la revue *Éléments* écrit que « certaines races sont génétiquement supérieures aux autres dans la mesure où l'on prend comme critère de supériorité l'aptitude à créer une civilisation et à manifester un nombre d'individus supérieurement doués [2] ». Et, Alain de Benoist, chef spirituel de ce courant, en déduit : « L'ennemi n'est pas la " gauche " ou le " communisme " ou encore la " subversion ", mais bel et bien cette idéologie égalitaire dont les formulations religieuses ou laïques, métaphysiques ou prétendument " scientifiques " n'ont cessé de fleurir depuis deux mille ans (...), et dont la subversion actuelle et le communisme sont l'inévitable aboutissement [3]. »

1. *Op. cit.*, p. 125.
2. Philip Howard, « La race et l'aptitude à la civilisation », *Éléments*, nº 4-5, p. 7.
3. A. de Benoist, « Pourquoi la droite a besoin d'une idéologie », *Les Nouvelles littéraires*, 27 septembre 1979, p. 6.

La droite gangrenée

Ce vieux discours remis au goût du jour a fourni son credo à un journal de grande diffusion. *Le Figaro-Magazine* (plus de 300 000 exemplaires par numéro) et son patron, Louis Pauwels, ont propagé auprès d'un large public une pensée née à l'extrême droite. L'expression s'est faite plus subtile qu'avant guerre, dans *Gringoire* par exemple. Mais l'« apartheid » – ou quelque chose qui lui ressemble – n'en est pas moins proposé comme la solution moderne et efficace au problème de l'immigration. Ainsi Louis Pauwels prône le chacun chez soi. Selon lui, « reconnaître et vouloir maintenir l'existence d'ethnies dissemblables, et par-delà, de cultures et de sociétés spécifiques, c'est admettre, saluer, protéger la diversité du monde humain; être raciste, c'est nier ou refuser cette diversité. C'est entreprendre de ramener l'humanité à un modèle unique. Un modèle génétique : le nazisme (...). Il y a donc un pseudo-antiracisme qui est en réalité une ignorance, un mépris et un rejet des identités ethniques et culturelles, et dont le but est le broyage des peuples, l'uniformisation de l'humanité, sa réduction à un comportement unique [1] ». L'auteur déplorait dans le même article que tant d'immigrés restent en France et y fassent des enfants qui deviendront français. Car « quand on sait que cela constitue le plus grand bouleversement biologique que notre pays ait connu depuis les invasions franques, on est en droit de se poser des questions ».

1. Louis Pauwels, « Les paradoxes d'un pseudo-racisme », *Le Figaro-Magazine*, 4 octobre 1980.

Le paradoxe, l'affabulation, la menace fantasmatique, tout sert dès lors qu'il s'agit de mettre en garde les Français contre les effets pernicieux du « mélange ». La « Nouvelle Droite » ne dit pas autre chose. Ainsi, Robert de Herte, éditorialiste de la revue *Eléments*, écrit au lendemain des élections municipales de mars 1983 : « Le fond du problème, c'est l'idée que l'on se fait de ce que doivent être un *peuple* et une *nation :* quand bien même il n'y aurait pas un seul acte de délinquance commis dans les milieux de l'immigration, et pas un seul chômeur dans notre pays, ce problème de fond resterait posé (...) l'immigration est condamnable parce qu'elle porte atteinte à l'identité de la culture d'accueil aussi bien qu'à l'identité des immigrés. Le mot d'ordre n'est pas : contre les immigrés. Mais bien : *avec les immigrés*, contre les forces et les idéologies qui aboutissent à la destruction de leur personnalité, comme de la nôtre [1]. »

Avec les immigrés? Oui, mais à condition qu'il n'y en ait pas!... Ou, s'il doit y en avoir, qu'ils ne se mêlent pas aux Français. Car le *melting pot* et les influences extérieures dénaturent l'Occident, lui font perdre sa vitalité. C'est encore Alain de Benoist qui dit : « Notre monde occidental manque d'hommes d'action, de véritables chefs. Perverti qu'il est par le cosmopolitisme et ses mythes judéo-chrétiens d'importation, il a oublié ses racines celtiques et germaniques qui sont sa vraie nature [2]. » Tout y est : l'appel au « Chef », la dénonciation de la perversion extérieure, l'exaltation des racines germaniques auxquelles s'est constamment référé le nazisme. La « Nouvelle Droite » décidément n'innove guère.

1. Robert de Herte, *Eléments*, n° 45, printemps 1983, p. 3.
2. Alain de Benoist, *Vue de droite*, Copernic, Paris, 1977.

Cette nostalgie ne serait qu'anecdotique si ces « nouveaux » penseurs étaient seulement des intellectuels égarés. Mais les liens étroits qu'ils entretiennent avec la droite politique permettent à leurs idées de faire tache d'huile. Tous les hommes de droite ne jugent guère favorablement ces idéologues. Ainsi, en 1979. Raymond Aron mettait en garde ceux qui voyaient en eux les futurs doctrinaires de la droite établie : « à n'en pas douter, le culte des forêts et des dieux germaniques, l'usage souvent abusif de la biologie, la théorie de l'évolution bioculturelle, le bric-à-brac de vieux mythes et de demi-sciences ne vont pas sans éveiller en nous des souvenirs et des inquiétudes. C'est avec de telles élucubrations que commença le délire de quelques-uns, qui devint celui d'un peuple [1] ». En revanche, Alice Saunier-Séïté, ancien ministre de Valéry Giscard d'Estaing, Alain Madelin, Hubert Bassot et Bernard Longuet, députés UDF, d'autres encore, n'ont jamais fait mystère de leurs relations avec le Club de l'Horloge, peuplé de jeunes hauts fonctionnaires qui fournissent l'opposition en idées et en discours. Lorsque Jacques Médecin, maire de Nice, regroupe les immigrés par nationalité dans des quartiers-ghettos spécialement conçus à cet effet et que Jacques Chirac reconnaît que c'est là un « bon système [2] », ces deux hommes politiques ne font que mettre en pratique les leçons d'Alain de Benoist et de Louis Pauwels. Du développement séparé à l'« apartheid », il n'y a qu'un pas. Jetant autour d'elle un regard ethnocentrique, la droite juge les autres cultures comme intéressantes mais inférieures, en tout cas dangereuses pour l'identité française. Elle réinvente le racisme en

1. Raymond Aron, « La Nouvelle Droite », *L'Express*, 21-27 juillet 1979.
2. *Le Monde*, 15 juillet 1983.

même temps que la race. Pour elle, la xénophobie devient nécessaire. Puisque les immigrés sont différents et menacent notre génie, il est indispensable d'éviter qu'ils nous contaminent. Le moyen d'y parvenir : les isoler, les parquer dans des réserves, les obliger à conserver leur propre culture, sous verre. Comme dans un musée.

Jusqu'au 10 mai 1981, la droite parlementaire, celle des grands partis politiques, ne pouvait tenir un langage raciste. Puisqu'elle était aux affaires depuis si longtemps, les immigrés de France n'étaient-ils pas, au fond, les siens? Poser la question, c'est y répondre.

Car c'est bien la droite au pouvoir qui a fait venir ou laissé entrer, entre 1960 et 1980, ces millions d'étrangers, des travailleurs manuels pour la plupart. Tardivement, elle a essayé de freiner un mouvement qui ne correspondait plus aux besoins économiques du pays. Dans les dernières années du septennat de Georges Pompidou, les circulaires Marcelin et Fontanet ont tenté d'établir un lien entre carte de travail et carte de séjour (elles seront annulées par le Conseil d'État comme non conformes aux principes généraux de droit). En juillet 1974, l'immigration a été (théoriquement) stoppée. Mais sous l'égide de Paul Dijoud, qui après un bref intérim d'André Postel-Vinay a pris le nouveau secrétariat d'État aux Travailleurs immigrés, le gouvernement a mis l'accent sur l'assimilation des étrangers et leur intégration [1]. Le remplacement de Paul Dijoud par Lionel Stoleru en 1977 marque un tournant brutal. Les mesures répressives prises par ce dernier seront elles aussi, pour la plupart, annulées ensuite par le Conseil d'État.

1. André Postel-Vinay a démissionné en 1974, faute d'obtenir les moyens qu'il estimait nécessaires.

Ni les expulsions, ni les aides au retour n'ont fait diminuer le nombre des immigrés entre 1977 et 1981. En avril 1981, le candidat à la présidence de la République, Valéry Giscard d'Estaing, devant les caméras de la télévision, a inscrit au tableau noir, en les rapprochant, deux chiffres chers à l'extrême droite : 1,8 million d'immigrés dans la population active, 1,8 million de chômeurs. Et voilà les étrangers promus au rang de bouc émissaire : les responsables du chômage, ce sont eux!

Deux ans plus tard, l'ex-majorité n'a cessé d'assimiler immigration et chômage. La fin justifiant les moyens et la campagne des municipales se prêtant parfaitement à l'opération, elle a, de surcroît, identifié immigrés et insécurité comme on confondait au XIXe siècle classes laborieuses et classes dangereuses. Il est toujours aisé de flatter les instincts les plus élémentaires des électeurs. La droite ne s'en est pas privée, la gauche et les événements ont fait le reste.

La gauche dans l'embarras

Pendant les vingt-deux mois qui séparent la victoire de la gauche de 1981 des élections municipales de 1983, la nouvelle majorité s'est tue. On l'a vue, paralysée, apparemment impuissante, prise en tenaille entre son idéologie et son électorat. N'était-ce pas chez les travailleurs, dans les villes ouvrières et les banlieues rouges qu'elle voyait la xénophobie monter irrésistiblement? Devait-elle, à contre-courant, maintenir ses positions ou faire des concessions?

L'embarras de la gauche ne date pas de son arrivée au pouvoir. En 1980, le parti communiste avait tenté d'exploiter à son profit la montée de la xénophobie. Au vu des faits, on peut franchement parler de tentation raciste, bien que le PC s'en défende : ses interventions musclées contre des immigrés à Vitry-sur-Seine et à Montigny-lès-Cormeilles sont dans toutes les mémoires. A l'époque, ces interventions avaient fait monter de plusieurs crans la polémique entre les alliés de la gauche. Pierre Bérégovoy, alors numéro deux socialiste, avait condamné avec vigueur « l'attitude indigne d'un parti qui se réclame de la gauche en se comportant comme un groupuscule d'extrême droite ».

Les communistes, qui connaissent bien leurs électeurs, avaient sans doute fait un pari. Des faits troublants leur ont donné raison – au moins dans leur propre logique. En mars 1983, Paul Mercieca, maire communiste de Vitry, a été réélu dès le premier tour avec 60 % des suffrages. A Poissy, en revanche, le maire communiste Joseph Trehel, secrétaire de la CGT de l'usine Talbot, a été battu au premier tour. Son épouse, Nora Trehel, surnommée la « pasionaria des immigrés », s'était battue au cours de l'hiver 1983 aux côtés de travailleurs étrangers dans les grandes grèves qui ont secoué l'usine et irrité de nombreux Français. Le même sort attendait Pierre Thomas, maire d'Aulnay-sous-Bois, qui avait apporté son soutien aux grévistes de Citroën : il a perdu sa mairie aux élections partielles de novembre 1983. La violence physique et verbale contre les immigrés peut être payante. Même à gauche.

Entre mai 1981 et mars 1983, le gouvernement n'a pour sa part jamais cédé aux mêmes tentations. On ne peut soupçonner ni François Mitterrand ni Pierre Mauroy de transiger avec le racisme. Il ne fait pas de doute cependant que, dès l'été 1981, le gouvernement s'est mis à redouter les effets passionnels de la question de l'immigration et a commencé de marquer un recul par rapport à son programme.

Première indication : ses hésitations à propos du droit de vote aux immigrés que les socialistes projetaient d'instituer pour les élections municipales.

Une phrase prononcée par Claude Cheysson dans l'euphorie des retrouvailles franco-algériennes d'août 1981 a servi de détonateur à l'affaire. Le ministre des Relations extérieures réaffirma tout à la fois la nécessité pour notre pays de ne plus accueillir de nouveaux travailleurs étrangers et sa volonté d'améliorer les conditions de vie de « ceux qui, ayant contribué à l'essor économique de la France, ont un droit sacré à y rester et à y travailler comme ils le veulent; la France, ajouta-t-il, a une dette à leur égard et nous ne permettrons pas à des éléments irresponsables de pratiquer envers eux une quelconque discrimination ». Il annonça qu'un projet de loi pourrait être soumis « prochainement » au Parlement, proposant d'accorder aux immigrés, sous réserve d'un délai de séjour suffisant, le droit de vote aux municipales. Claude Cheysson venait simplement de reprendre ce qui figurait dans le recueil des 110 propositions du candidat François Mitterrand. Certain d'être dans la ligne fixée par la nouvelle majorité, il évoqua devant le président algérien la perspective d'une réforme conçue dans l'esprit d'une loi suédoise de 1976.

Des pas de clerc

La petite phrase d'Alger fit l'effet d'une bombe : gros titres dans la presse, indignation dans l'opposition. Le RPR en particulier cria au scandale : on attentait à la souveraineté nationale, aux fondements mêmes de la République! C'était une « basse manœuvre » électorale dans la perspective des élections prochaines! M. Chirac en profita pour démentir des propos tenus par lui-même en 1979 devant le bureau des maires des pays francophones. Il serait en faveur du droit de vote des étrangers aux élections locales, lui? Non, vraiment pas, certainement une erreur de traduction...

Avant même que les réactions de la droite n'envahissent les médias, l'embarras des milieux gouvernementaux s'est aussitôt fait sentir. De retour en France, M. Cheysson s'est montré moins affirmatif, moins certain qu'une telle mesure puisse être prise rapidement. Le téléphone avait sans doute fonctionné entre Paris et Alger pour essayer de redresser la barre. Interrogé par la presse, François Autain, secrétaire d'État chargé des Immigrés, fut prié de remettre les pendules à l'heure : le droit de vote ne faisait pas partie des priorités du gouvernement et « toute précipitation en la matière serait préjudiciable aux intérêts bien compris des immigrés et sans doute non conforme à leurs aspirations [1]... »

Au lieu de soutenir et d'expliquer la proposition socialiste, les raisons pour lesquelles elle avait été envisagée, le gouvernement a battu en retraite. Avec un léger décalage dans le temps, le parti socialiste s'est replié à son tour de

1. *Le Matin*, 12 août 1981.

la même manière. Interrogée par Europe 1, le 11 août, alors que Claude Cheysson était encore à Alger, Christiane Mora, secrétaire nationale du PS, avait affirmé : si « le gouvernement a parlé maintenant de ce problème, c'est bien dans l'intention que les municipales de 1983 leur soient ouvertes », car il s'agissait là « d'une question de principe et de dignité ». Deux jours plus tard, elle faisait, elle aussi, machine arrière. Que s'était-il passé? Le gouvernement avait-il découvert que ce projet se heurtait à des difficultés d'ordre juridique [1]? Il venait plutôt de mesurer qu'une telle révolution dans la notion de citoyenneté risquait de provoquer de fortes réactions dans une partie de l'opinion. Il a préféré esquiver le débat. On a bien senti, alors, que personne ne reparlerait de si tôt de ce droit de vote tant controversé.

Le programme de François Mitterrand et les mesures prises par le gouvernement Mauroy au cours des premiers mois ne manquaient pourtant pas de courage. L'arsenal de mesures adoptées par le Parlement entre juillet et décembre 1981 a témoigné du réalisme qu'imposait la situation économique, mais aussi du respect dû aux travailleurs et à leurs familles : abolition du décret de 1939 interdisant le droit d'association aux étrangers, nouvelle législation sur le droit d'entrée et de séjour, garanties contre les expulsions arbitraires, lutte contre les employeurs de travailleurs clandestins [2]. Ces mesures s'accompagnaient de la confirmation de la volonté de fermer les frontières à toute nouvelle immigration du travail.

Il eût été facile au pouvoir de montrer qu'en ces temps

1. Il n'est pas certain qu'il suffise d'une simple loi pour accorder le droit de vote à des non-citoyens français.

2. Ces mesures ont été adoptées par le Parlement à l'automne 1981 sous le nom de lois Autain-Questiaux.

de crise, il était soucieux de protéger l'emploi de ceux qui font aujourd'hui la France: citoyens français ou ressortissants étrangers ayant acquis à la sueur de leur front des droits sur le marché du travail. Il eût été utile de démontrer que les expulsions giscardiennes n'avaient pas stoppé la montée de la petite et moyenne délinquance dans nos villes, qu'elles avaient en revanche terni l'image de la France dans le monde. Mais la gauche a laissé la droite entonner le refrain du laxisme sans répliquer. Même à l'occasion de l'opération par laquelle 130 000 clandestins ont obtenu la régularisation de leur situation. Il s'agissait tout bonnement d'apurer le passif des gouvernements précédents. Faute d'explications claires, cette régularisation nécessaire a été mal comprise et détournée de son objet. Elle a, d'une part, contribué à renforcer l'idée que la gauche faisait preuve d'une générosité coupable. Elle a, d'autre part, conduit des immigrés résidant dans des pays limitrophes à venir en France, en espérant une régularisation à laquelle ils n'avaient pas droit. Entrés en touristes, ces nouveaux clandestins sont venus reformer la masse des « sans-papiers », et remplacer en partie ceux dont on régularisait par ailleurs la situation.

Un an après son arrivée aux affaires, le gouvernement de la gauche a, semble-t-il, pris le parti de se taire sur la question des immigrés, ou d'en parler le moins possible, comme s'il avait soudain compris qu'il s'agissait d'une question délicate sur laquelle son électorat marquait une fragilité réelle : moins on ferait de vagues, mieux cela vaudrait. Pensait-il ainsi gommer la présence des immigrés et les réactions qu'ils suscitent? Sa bonne conscience était sauve. Il avait supprimé quelques lois scélérates, mis en place pour l'été 1982 des opérations « coups de charme » en direction des jeunes des banlieues chaudes, démarré des opérations de réhabilitation des quartiers dégradés qui sont souvent aussi des quartiers d'immigrés...

Des images qui dérangent

L'agitation sociale qu'a connue l'industrie automobile à partir de l'automne 1982 l'a tout de même contraint à s'exprimer. Mais il l'a fait avec maladresse. Et des erreurs d'appréciation, commises alors, ont contribué à alourdir le climat dans les semaines précédant les élections municipales.

Les grèves de Flins (Renault), d'Aulnay (Peugeot), de Poissy (Talbot) ont éclaté au moment où était discutée, dans les comités d'entreprise, la robotisation des chaînes. Or, cette robotisation menace directement l'emploi des ouvriers immigrés, presque tous O.S. Mécontents à l'égard de leurs petits chefs, angoissés devant l'avenir, ces ouvriers ont brutalement mis en avant des revendications dont plusieurs étaient étroitement liées à leur qualité d'étrangers [1].

Pendant plusieurs semaines, les images de ces grèves sont apparues à la télévision, à l'heure du déjeuner ou du dîner. On a vu ces prolétaires manifester, crier, parler des langues impénétrables, s'exprimer sans retenue. Stupéfac-

1. A savoir, l'accès à la formation professionnelle dont les étrangers sont pratiquement exclus et qui, seule, leur donnerait une chance de survivre à l'automation; l'adjonction de la cinquième semaine de congés aux quatre premières, pour leur permettre de reprendre leur travail au jour dit : l'absence d'étalement des vacances et la saturation, fin août, des aéroports maghrébins sont chaque année cause de retards pouvant atteindre deux ou trois jours au retour des vacances, retards qui pénalisent les travailleurs immigrés.

tion! Que venaient de découvrir les téléspectateurs? Que les immigrés osaient se plaindre, alors qu'ils avaient du travail quand tant de Français en manquaient! Et qu'ils poussaient même l'indécence jusqu'à demander un temps de prière à prendre sur les horaires de travail! Le Premier ministre lui-même y vit la main de l'intégrisme. Incomplètement informé par ses services – le facteur religieux n'a joué qu'un rôle mineur dans ces conflits –, sa déclaration consterna ses amis mieux renseignés. Plus grave, elle légitima dans une partie de la population, qui méconnaît ou méprise l'Islam, l'idée que ces mécontents n'avaient qu'à repartir dans leurs pays pour y prier à leur aise.

Et voilà que Paul Quilès, candidat malheureux au siège de maire de Paris, accusa, au soir du second tour, les journalistes de la télévision d'avoir trop montré aux Français la colère des immigrés! Il eût été mieux inspiré, comme socialiste, d'expliquer que ces grèves avaient pu être utilisées contre la gauche au pouvoir depuis peu parce que, pendant vingt ans, on s'était bien gardé de montrer la vérité aux Français. De leur expliquer pourquoi des dizaines de milliers d'étrangers, venus faire tourner les chaînes de l'économie française, restaient, de longues années après leur arrivée, totalement étrangers à la société qu'ils avaient contribué à enrichir. De leur faire connaître la complexité, l'évolution, les aspirations et, parfois, le désespoir de ce monde de l'immigration que les médias, comme les pouvoirs publics, avaient si longtemps négligé.

Parce qu'ils ignoraient tout ou presque de *leurs* immigrés, les Français n'ont pas su que l'élection de François Mitterrand avait provoqué dans les communautés étrangères un espoir proportionnel aux angoisses des années précédentes. Traqués, menacés d'expulsion parfois arbitraire depuis 1977, la gauche leur assurait, croyaient-elles, l'entrée dans le droit commun. C'est-à-dire la reconnaissance de leur dignité de travailleurs, de contribuables, de pères et de mères de familles [1].

A l'origine des grèves de l'automobile, il y eut incontestablement un appel lancé par les immigrés en direction du gouvernement de gauche : comment celui-ci pouvait-il accepter qu'on continue de bafouer leurs droits dans les entreprises? La déclaration du Premier ministre provoqua dans leurs rangs plus qu'une déception. D'autant que, depuis quelque temps, chaque fois que la droite l'attaquait sur le terrain de l'immigration, le gouvernement choisissait, pour se justifier, d'exhiber le nombre des expulsions auxquelles il faisait procéder pour montrer qu'il atteignait ou dépassait celui de l'époque giscardienne.

La campagne des municipales a contribué à approfondir la désillusion. Abandonnant le discours d'avant 1981, la gauche s'est tenue, au mieux, sur la défensive. Elle choisit même de se taire quand elle aurait dû parler. Ainsi une brochure informative et documentée, éditée à la fin de 1981 sous l'égide du secrétariat d'État chargé des Immigrés, qui avait été tirée à plusieurs millions d'exemplaires,

1. Le monde des immigrants, après avoir manifesté une très grande discrétion pendant la campagne présidentielle – excepté quelques groupes de Marocains qui répandirent, entre les deux tours, le bruit selon lequel François Mitterrand ferait expulser tous les étrangers! –, accueillit avec soulagement le changement de majorité dans le pays. Pour beaucoup, et notamment les enfants de ces immigrés, le 10 mai fut un jour de fête auquel ils participèrent dans une explosion de joie sans précédent à l'occasion d'un événement de politique intérieure française. Amar Daboussi, rédacteur en chef du journal *Sans frontières*, intellectuel alors « sans papiers », se souvient de ses sentiments et de ceux de ses amis en ces mois de mai et juin 1981 : « Nous étions partie prenante de la victoire de la gauche, la répression anti-immigrés et les luttes qu'elle avait suscitées à la fin des années 1970 avaient sans nul doute provoqué chez des Français, jusque-là non acquis à la gauche, une prise de conscience qui a contribué à la victoire de François Mitterrand. »

est restée dans les caves du ministère, sur ordre venu d'en haut. Décision symptomatique. Cette brochure, strictement informative, sur ce que sont les immigrés et sur ce qu'ils apportent à la France, n'aurait pas suffi à transformer un climat envenimé. Mais de là à préférer le silence honteux à l'explication franche... Il est vrai que cet opuscule affirmait que « l'avenir ne peut s'envisager sans les quatre millions d'étrangers (qui) ont contribué à construire la France ... ».

La majorité de gauche n'a pas compris à temps qu'en laissant le racisme se développer sans riposter, c'est à ses propres intérêts qu'elle portait tort, gravement. Elle n'a pas dit à l'opinion, aux électeurs, que le changement passait, aussi, par un autre regard sur l'immigration. Elle a laissé ses élus, ses amis, faire face, seuls, sur le terrain, à la vague montante de la violence et de la haine.

Contre cette vague, le discours humaniste sur le respect des droits de l'homme ne prend plus. Il faut trouver autre chose.

CHAPITRE III

« Ces gens-là volent notre pain »

Dans la rue, dans le métro, au bistrot, à l'usine, Français et immigrés se croisent sans se rencontrer, se redoutent sans se connaître. D'un côté comme de l'autre, on n'imagine guère que les enfants et les petits-enfants de communautés aujourd'hui si étrangères l'une à l'autre vivront ensemble, se marieront et donneront naissance aux générations futures de la France. D'un côté comme de l'autre, la peur règne. Elle tenaille les immigrés qui sentent monter la haine après le mépris, sans bien comprendre pourquoi; elle assaille les Français qui perçoivent les immigrés comme hostiles, inquiétants, sans scrupule ni moralité. Ces peurs irraisonnées tournent chroniquement aux confrontations verbales, aux violences physiques, coups de feu et attentats. La France n'a pas encore connu de flambées comparables à celles de Watts, de Brixton, de Liverpool, de Miami. Les rodéos de Vénissieux en 1981 sont restés l'exception : la majorité des jeunes d'origine étrangère cherche davantage à s'affirmer par la musique, la radio ou le sport que par la violence. Certes, une partie de la presse laisse entendre le contraire. Mais elle trompe l'opinion et joue avec ses nerfs.

Devant les provocations, les immigrés font, dans l'ensemble, preuve de patience. Jusqu'à quand? Si la génération de l'immigration s'est tue et a accepté passivement les humiliations, ses enfants, eux, ne se taisent plus. Ils savent trop qu'ils ont une rude partie à jouer, qu'ils se trouvent à la charnière de l'intégration. « Il est celui qui a travaillé sans parler, je suis celui qui va parler », dit Moussa Maaskri, animateur théâtral à Marseille, à propos de son père immigré algérien et de lui-même. Pour dire quoi? D'abord, que « ça ne peut pas durer comme ça ». Et qu'« il faut faire quelque chose »... Cet autre fils d'immigré, né à Marseille, s'explique là-dessus : « On ne demande pas aux immigrés ce qu'ils pensent de l'insécurité, des attentats, des procès qui n'aboutissent pas. Les Français craignent pour leurs biens, nous pour notre vie. »

Le caractère explosif de ce face-à-face commence à être ressenti par l'opinion française comme une menace dont elle voudrait bien se débarrasser. Que faire des immigrés? La question divise les familles, les amis, les partis, comme ce fut le cas pour l'antisémitisme au temps de l'affaire Dreyfus, la légalisation de l'avortement au début des années soixante-dix ou l'abolition de la peine de mort il y a peu de temps encore. Il vaut mieux éviter d'aborder le sujet brûlant de l'immigration dans les dîners en ville ou les réunions de famille. Avec des points de vue sans appel, chacun campe sur ses positions. Il y a ceux qui acceptent que les immigrés restent s'ils le souhaitent. Et ceux qui égrènent avec passion les lieux communs du racisme le plus ordinaire.

L'une des caractéristiques de ce racisme anti-immigrés – c'est vrai également de l'antisémitisme – est qu'il traverse les catégories sociales. On rencontre aussi bien des bourgeois que des prolétaires prêts à « bouffer du bougnoule ».

Ce rejet, ces préjugés, cette brutalité simpliste ne sont pas l'apanage d'une classe ouvrière qui se sent menacée dans son emploi, dérangée dans sa vie quotidienne par la présence des familles étrangères. Au contraire, il n'est pas rare de trouver dans les cités de banlieue où cohabitent travailleurs français, maghrébins, portugais, turcs, des liens de solidarité profonds et même d'amitié qui transcendent les nationalités. Il est en revanche fréquent de rencontrer un racisme quasi névrotique dans la population des quartiers qui ne comptent pas ou peu d'immigrés : là, la peur de l'inconnu joue à plein. A Dreux, lors du scrutin de septembre 1983, la poussée de l'extrême droite a été plus forte dans les quartiers où les étrangers sont peu nombreux que dans ceux où cohabitent ouvriers français et travailleurs immigrés.

Le racisme populaire existe, comment pourrait-on le nier? « On est envahi », « on n'est plus chez soi »... Mais, aux lieux communs que l'on entend dans la rue, s'ajoute un discours bourgeois et intellectuel plus subtil. On le rencontre à droite comme à gauche. Tel ministre socialiste estime en privé qu'il est impossible d'accorder le droit de vote aux immigrés, « parce que ces gens-là se laisseraient acheter et accorderaient leurs suffrages au plus offrant ». C'est à peu de chose près ce qu'on disait des ouvriers au XIXe siècle, pour justifier le suffrage censitaire. Ou ce qu'on reprochait aux femmes jusqu'en 1945, pour leur refuser la pleine citoyenneté. Tel secrétaire d'État accepte de soutenir des mesures favorables aux étrangers à condition qu'en contrepartie des garanties soient données « aux Français qui ont peur ». Peur des immigrés s'entend. Plus pernicieux encore, cet argument énoncé comme à regret mais avancé avec conviction dans les milieux de l'administration ou de la presse : « les immigrés actuels sont inassimilables ». Cela aussi n'est qu'apparemment nouveau. Le même jugement péremptoire était formulé à l'encontre des Italiens du siècle dernier, des Polonais des années trente, des Espagnols fuyant le franquisme. Sans parler des juifs de tous les temps, même si, aujourd'hui, on n'ose plus le crier sur les toits...

Les péchés capitaux de l'immigration

Ce débat sur les immigrés a, depuis les élections municipales de 1983, envahi les médias. A la radio, à la télévision, dans la presse écrite, on assiste à une prolifération de reportages et de confrontations – presque toujours entre Français – sur l'immigration. Lorsqu'ils ont la chance de travailler dans un organe de presse non xénophobe, les journalistes, pour la plupart, font preuve des meilleures intentions. Effrayés par la montée du racisme, ils parlent ou écrivent avec leur cœur, mais souvent sans bien connaître ni comprendre une population qui vit une quotidienneté faite de misère, de cohabitation difficile et de crainte du lendemain. Bref, sans le savoir, ni sans doute sans le vouloir, ils font la morale aux Français. Alors qu'une information reposant sur les faits peut seule contribuer à diminuer les tensions.

Avant de s'attaquer aux vraies questions que pose la présence de millions d'étrangers en France, il est urgent de dénoncer les faux problèmes, et les clichés qui en sont le reflet. Notamment ces trois antiennes, tenaces et mal fondées, les trois péchés capitaux des immigrés : « Ces gens-là volent aux Français un travail devenu rare; ils coûtent cher à la Sécurité sociale, aux Allocations familiales; ils sont responsables de l'insécurité. »

Plutôt qu'un silence embarrassé, plutôt que de répliquer en disant « vous avez raison, mais », il faut réfuter ces idées préconçues, dénoncer leur absurdité. Il faut rappeler qu'elles trouvent pour une large part leur origine dans la crise, et ne sauraient, de ce fait, figurer au rang des vérités absolues. La crise produit et nourrit des fantasmes collectifs. Les immigrés en sont actuellement l'objet tout désigné et les victimes impuissantes. Jusqu'à l'aube des années soixante-dix, alors qu'ils étaient aussi nombreux qu'aujourd'hui, personne ou presque n'estimait qu'ils étaient de trop : on avait besoin d'eux. On ne posait pas davantage la question de savoir s'ils coûtaient cher ou pas. Quant à l'insécurité, bien qu'elle fît déjà partie de l'environnement urbain, on n'avait pas encore choisi d'en rendre responsables les étrangers présents en France.

Certes, les faits, les chiffres ne suffiront jamais à convaincre ceux qui refusent de les croire. Au moins aident-ils ceux que la passion n'aveugle pas à distinguer les faux problèmes des vraies questions. Au moins incitent-ils à rechercher des solutions là où il convient d'en trouver, et pas ailleurs. Regardons ces faits, ces chiffres, mettons-les en face des arguments haineux qu'ils contredisent, objectivement.

« Les immigrés volent le pain des Français : ils occupent des emplois à leur place et les condamnent au chômage. » Voilà une idée fausse de première grandeur. Il convient de le dire et de le répéter à une époque où la crise c'est d'abord, pour les Français, le chômage ou sa menace. Cherchant à défendre l'emploi, le gouvernement invite à acheter et à consommer français. De là à penser qu'il conviendrait de produire français avec les seuls Français,

il n'y a qu'un pas aisément franchi. Répéter que les immigrés sont venus, il y a vingt ans, occuper des emplois dont les Français ne voulaient pas est une riposte qui ne suffit guère. L'interlocuteur, même peu averti des réalités économiques, ne nie pas le passé. Il parle du présent. Les temps ont changé : il n'y a désormais plus de travail pour tout le monde. Puisque les immigrés ont un pays d'origine, qu'ils y retournent afin de libérer des postes de travail au profit des chômeurs français!

Les chiffres qui circulent confortent cette logique. Il y aurait, dit-on, 2 millions de chômeurs et, parallèlement, 2 millions d'étrangers qui travaillent. Il suffirait donc de substituer des Français aux immigrés pour que le chômage disparaisse. Plutôt que de dénoncer le caractère irréaliste d'une telle proposition, un responsable politique, au plus haut niveau, a poussé, on l'a vu, la démagogie et l'irresponsabilité jusqu'à laisser croire que l'équation chômeurs-immigrés était aussi facile à résoudre qu'à poser au tableau noir. Qu'un président de la République, fût-il candidat, ait pu user d'une telle supercherie est proprement scandaleux.

M. Giscard d'Estaing était le premier à savoir que le nombre des demandeurs d'emploi avait plus que quadruplé durant son septennat, alors même que l'immigration du travail avait été stoppée. Tenter de faire croire à l'opinion, par le rapprochement de chiffres recouvrant des données différentes, que le chômage était la conséquence de la présence des travailleurs immigrés dans les entreprises françaises, c'était à la fois cacher aux électeurs la vraie nature de la crise et les pousser à la xénophobie. Décidément, M. Le Pen compte, et depuis longtemps, des émules partout...

Depuis 1981, la même idée continue de faire son

chemin : le nombre des chômeurs étant égal à celui des travailleurs immigrés, pourquoi ne procéderait-on pas à la substitution pure et simple d'une catégorie de population à l'autre? Les élections à la Sécurité sociale de l'automne 1983 aidant, certains leaders syndicaux l'ont reprise à leur compte. Avec des nuances qui tiennent au fait que les immigrés, cette fois, votaient. Ainsi Paul Marchelli, délégué général de la CGC, a-t-il réclamé le départ des travailleurs présents en France depuis moins de dix ans. Ce discours a rencontré la faveur de nombreux cadres, parmi lesquels, précisons-le, on compte peu d'immigrés. Or, M. Marchelli feint d'ignorer que la grande majorité des étrangers qui ont bénéficié d'une carte de travail pendant la dernière période sont, soit des ressortissants de la CEE qui jouissent de la libre circulation, soit des enfants d'immigrés, ceux-là précisément qui ne peuvent pas rentrer dans le pays de leurs parents, ou qui ne le pourraient qu'au prix d'immenses difficultés. Reste dans la catégorie que vise M. Marchelli les « régularisés » de 1982, pour lesquels le gouvernement a fait un choix moral, politique, mais aussi économique au regard de la lutte contre le travail clandestin. Sa proposition est donc irréalisable. Comme M. Giscard d'Estaing, M. Marchelli parle pour la galerie. Et ça, ce n'est pas sérieux.

Et s'ils partaient?

Indépendamment des arguments moraux qu'on peut avancer, et de la dette que la France a contractée à l'égard de ceux qui ont participé à son enrichissement, un examen sans passion de la place qu'occupent les immigrés dans l'économie française montre que leur départ provoquerait une catastrophe économique dont un pays comme le nôtre n'a aucunement besoin, en ces temps difficiles.

Imaginons un instant un scénario qui comblerait le vœu des tenants d'une solution radicale : le départ massif de ces « gêneurs » [1]. Imaginons que tous les travailleurs immigrés, las du mépris dans lequel on les tient et inquiets de la montée de la violence à leur endroit, aient décidé de partir... « se faire bronzer ailleurs ». Ou pis encore, que le gouvernement français, suivant en cela l'exemple du Nigeria, leur ait intimé l'ordre de quitter le territoire. Qu'est-ce que cela changerait pour l'économie française?

Imaginons. Du jour au lendemain, partout en France, les poubelles cessent d'être ramassées régulièrement, car les équipes de bennes à ordures manquent de personnel. Les escaliers des immeubles ne sont plus balayés. Dans les bureaux, les corbeilles à papiers de la veille ne sont plus vidées, pas plus que les cendriers. Tables de travail, carreaux restent sales. Bien des Françaises, et quelques Français, qui en avaient perdu l'habitude, n'ont d'autre choix que de faire désormais eux-mêmes leurs courses, leur ménage, leur cuisine. Les parents qui travaillent ne trouvent plus personne pour garder les enfants. Brusquement, la vie se complique, devient moins agréable.

Mais, beaucoup plus grave, c'est soudain au premier chef la production nationale qui est frappée. Les cars qui ramassent les ouvriers avant le lever du jour pour les conduire jusqu'aux usines automobiles de Sochaux, Cléon, Flins, Poissy, Aulnay, roulent à vide, ou presque. Les

1. Un scénario du même type a été présenté par le mensuel *Différences* en octobre 1983.

chaînes ne tournent plus et aucune voiture ne sera produite de longtemps. Pour mieux faire comprendre la place que tiennent les étrangers dans le secteur stratégique de l'économie qu'est l'automobile, on a proposé une image : les immigrés fabriquent une voiture sur quatre (ils représentent le quart des effectifs salariés). Mais en réalité, leur poids dans la production est bien plus lourd. C'est l'ensemble des processus de fabrication de montage que conditionne le travail de ces hommes. Concentrés en bas de l'échelle, les immigrés forment à eux seuls près de 80 % des OS. S'ils ne travaillent pas, ou s'ils sont absents, on ne travaille pas non plus en amont et en aval dans les usines et les bureaux. En juin 1978, une grève de 500 OS des ateliers de Renault-Flins, pour la plupart des Mauritaniens et des Sénégalais, a bloqué durablement le travail de tout l'établissement. Au cas où les immigrés partiraient comme nous l'imaginons dans cette fiction, ce sont 77 % des travailleurs qui manqueraient à l'appel à Aulnay, 56 % à Billancourt et 53 % à Flins.

Très vite, l'acier, les tôles, les pièces détachées se mettent à manquer : dans le Nord et en Lorraine, les usines ont cessé de tourner, comme ailleurs en France. Les petites ou moyennes unités de sous-traitance ferment, faute de commandes. Ce ne sont pas les ingénieurs, cadres ou contremaîtres qui alimenteront les hauts fourneaux ou fabriqueront les pièces à la chaîne. Ils se retrouveront au chômage technique, ainsi que les services commerciaux qui auront moins, et dans certains secteurs plus du tout, de produits français à vendre.

Les chantiers du bâtiment, des travaux publics, du génie civil offrent, quant à eux, un aspect désolé. Les grues ne tournent plus, les murs ne montent guère, les tranchées ne se creusent pas toutes seules. Les travailleurs étrangers représentent – sans compter les clandestins – 50 % des effectifs du bâtiment, et plus de 30 % de ceux des travaux publics. Pour reprendre l'image utilisée à propos de l'automobile, c'est un logement sur deux que ces travailleurs construiraient et un kilomètre de route sur trois. Mais ici encore, leur contribution va bien au-delà : elle est indispensable pour permettre à d'autres fonctions de s'exercer. Cette situation de dépendance vis-à-vis de la main-d'œuvre étrangère résulte du fait que les postes de travail des immigrés sont ceux pour lesquels peu de Français postulent : travaux de force, dangereux, mal payés. Sur 100 travailleurs immigrés, 86 sont OS ou manœuvres. Sur 100 Français actifs, il n'y en a que 50. Les autres souhaitent-ils le devenir?

On pourrait encore parler des ouvriers agricoles, des employés de la restauration, des salariés de la confection... Les exemples ne manquent pas pour donner la mesure de la place qu'occupent les immigrés dans l'économie française. Mais il faut savoir que ce n'est pas seulement la production qui se verrait du jour au lendemain bloquée par leur émigration à rebours. Celle-ci provoquerait d'autres dégâts de nature cette fois financière, fiscale ou sociale.

Revenons à notre fiction. Dès l'instant où les travailleurs et leurs familles sont renvoyés chez eux, à Roubaix, Mantes, Romans, Marseille – pour ne citer que quelques villes –, c'est le désastre : avec 20 à 30 % de logements vides et dont les loyers ne rentrent plus, les offices HLM s'enfoncent dans le déficit. On voit mal où ils trouveraient des locataires pour combler les départs : nulle part, sauf à Paris et dans sa proche banlieue, les listes d'attente ne sont assez longues pour cela. Ces offices, qui équilibrent péniblement leur budget, sont réduits à choisir entre l'arrêt de l'entretien des immeubles, l'interruption d'une réhabilitation devenue nécessaire, et la répercussion du manque à gagner sur les familles françaises encore résidentes. Le secteur privé voit par la même occasion nombre de ses sociétés de gestion d'immeubles menacées de dépôt de bilan : 40 % de la population étrangère était, avant le début de l'exode, logée par leurs soins. Enfin, même si la population française décidait soudain de faire deux fois plus d'enfants qu'aujourd'hui, il faudrait vingt ans pour compenser l'hémorragie démographique que représenterait la perte des familles étrangères.

Qu'elles soient de droite ou de gauche, les municipalités sont, pour leur part, menacées de faillite dès lors que 10, 15 ou 20 % des ménages quittent la ville.

Ce sont des taxes d'habitation qui ne rentrent plus et qu'il faudra prélever sur les autres ménages pour éviter une bérésina fiscale. Car les charges de la commune ne diminuent pas avec le départ des immigrés. Il faut bien continuer de payer le personnel titulaire, le chauffage et l'entretien du patrimoine, ainsi que la dette. L'école, vidée de ses enfants d'étrangers, sera peut-être fermée ou réduira le nombre de ses classes. Qu'elle continue ou non de fonctionner, la commune, elle, devra bien rembourser les emprunts de sa construction.

Pour les transports en commun, des difficultés du même ordre apparaissent, et le gouffre financier se creuse encore. Les autobus et le métro de Paris et de Marseille, comme les réseaux de transports urbains mis en place à grands frais dans des villes de moindre importance, perdent brutalement des millions de clients. Va-t-on les fermer pour autant? L'accroissement de leur déficit sera, plus sûrement, répercuté sur les tarifs des voyageurs français et sur la fiscalité. La taxe professionnelle elle-même – à sa manière un impôt de répartition – s'en ressentira. Quant à l'impôt sur le revenu, dont l'assiette se restreint avec le départ de 7 à 8 % des ménages imposés, il ne peut, lui aussi, qu'augmenter pour les contribuables français.

Au fait, combien sont-ils?

Les partisans d'un renvoi des étrangers estiment sans doute que ce sont là des broutilles au regard de l'avantage que procurerait cette solution : libérer des emplois pour les travailleurs français. Mais est-ce seulement vrai? Et combien d'emplois?

Il faudrait, pour répondre avec toute la précision souhaitable à ces deux questions, disposer de chiffres clairs et fiables concernant la population étrangère au travail. Hélas, ces chiffres manquent. Seules des approximations peuvent être avancées. Mais elles sont pleines d'intérêt.

Pour commencer, on ne sait pas vraiment combien la France compte d'immigrés légalement installés sur son territoire. Ils étaient, selon le ministère de l'Intérieur, 4 459 068 au 31 décembre 1982. Un chiffre dont la précision impressionne mais qui n'en est pas moins sujet à caution : il prend en compte uniquement le nombre des titres de séjour délivrés par l'administration. Aucune comptabilité n'est tenue des sorties du territoire, un immigré qui quitte la France volontairement n'étant pas contraint de remettre au service de l'ONI sa carte de séjour. La statistique du ministère de l'Intérieur ne permet donc pas de savoir combien d'étrangers partent chaque année sans intention de retour.

Seul le recensement, malgré ses faiblesses, permet d'approcher la vérité. Or, ses décomptes donnent des résultats différents de ceux de la police et de l'ONI. Ainsi, lorsqu'en 1975 l'INSEE recensait un peu moins de 3,5 millions d'immigrés, le ministère de l'Intérieur en affichait de son côté 4,2 millions, soit 700 000 de plus. En septembre 1983, l'INED estimait, à partir de cette constatation, qu'il n'y avait alors guère plus d'étrangers « réguliers » en France qu'en 1975, soit entre 3,5 et 3,7 millions parmi lesquels environ 300 000 réfugiés et apatrides. Les statistiques du ministère de l'Intérieur sont surévaluées, celles de l'INSEE sous-évaluées. Le chiffre réel se situe vraisemblablement à un niveau intermédiaire. Sans compter les clandestins dont le nombre est par nature impossible à apprécier, mais qu'un rapport de l'Assemblée nationale estimait, à l'automne 1983, devoir se situer entre 150 000 et 400 000 [1]. En tout état de cause, le chiffre de 6 millions d'étrangers avancé par le journal *Minute* à la même époque est hautement fantaisiste. Il prend sa source dans un document de l'administration qui n'a aucun caractère officiel, et qui ajoute aux étrangers les Français originaires des départements et territoires d'outre-mer!

Ce débat sur les chiffres se retrouve lorsqu'il s'agit de connaître le nombre d'immigrés « actifs ». L'arrêt de la délivrance de cartes de travail depuis près de dix ans, sauf au cas par cas, permet de faire des estimations. La dernière statistique connue remonte à 1979. Il y avait

1. Avis présenté par Louis Odru au nom de la commission des Affaires étrangères sur le projet de la loi de Finances pour 1984 (nº 1726).

alors officiellement moins de 1,6 million[1] de travailleurs étrangers, y compris ceux qui étaient inscrits à l'ANPE comme demandeurs d'emplois. Ce chiffre indiquait une tendance à la baisse. En trois ans, de 1973 à 1976, sous l'effet notamment des départs volontaires, du ralentissement des entrées et des décès, 150 000 travailleurs étrangers avaient disparu des fichiers, soit 9 % du total. Depuis 1979, si l'on excepte la régularisation de 1982, seuls les enfants et conjoints d'étrangers ont obtenu des cartes de travail. Il est probable que le nombre des travailleurs immigrés est aujourd'hui sensiblement le même qu'en 1976, les départs compensant le faible nombre de nouveaux arrivants. Soit, au total, entre 1,6 et 1,7 million de travailleurs disposant de papiers en règle.

Enfin doit-on, pour estimer au plus près le nombre d'étrangers actifs (hormis les clandestins), défalquer encore les 230 000 immigrés chômeurs. L'on arrive ainsi à un maximum de 1,5 million de personnes au travail.

C'est ce chiffre qu'il faut prendre en considération, en même temps que celui de 1,8 million de chômeurs de nationalité française, quand on s'interroge sur la possibilité de substituer la seconde catégorie de population à la première sur le marché du travail. A l'examen, cette substitution apparaît comme extrêmement difficile à opérer pour ne pas dire impossible. Parce que le « profil » professionnel des 1,8 million de Français demandeurs d'emplois ne correspond pas, mais pas du tout, à celui des 1,5 million immigrés au travail. Il suffit de comparer les statistiques par profession, par âge, par sexe, par région

1. Commission nationale de planification, préparation du IXe Plan, intergroupe « Emploi », document no 3, mai 1983.

pour en être convaincu. Malgré la mobilité géographique, voire professionnelle, que la crise impose, on voit mal un contremaître de cinquante ans, licencié par une entreprise du Sud-Ouest où il a sa maison et sa famille, venir travailler comme OS à Flins ou comme terrassier dans une entreprise du génie civil à Roubaix. A moins de l'y contraindre par la force... Ceci vaut aussi bien pour l'agriculture que pour l'industrie. La main-d'œuvre étrangère, en particulier saisonnière, est indispensable pour les récoltes. Dans une déclaration récente, François Guillaume, président de la FNSEA, le reconnaît : « les exploitants qui, par civisme, avaient compté les années précédentes sur les chômeurs français ont été piégés [1] ».

Un immigré de moins, un chômeur de moins?

En 1975, le gouvernement de Jacques Chirac avait chargé une commission d'experts de réaliser une étude sur la part prise par les immigrés dans le développement économique et social de la nation. La lettre de mission au directeur de la Prévision du ministère de l'Économie et des Finances indiquait clairement la préoccupation du gouvernement : « mesurer l'impact d'une réduction du nombre des immigrés sur l'économie ». Elle poursuivait : « Un constat chiffré de la situation actuelle sera établi. Puis, dans une perspective à moyen terme, les effets directs et indirects de plusieurs hypothèses réalistes d'évolution de l'immigration à la fois sur les paiements exté-

1. *Le Monde*, 4-5 septembre 1983.

rieurs et sur le budget de l'État seront analysés. Au-delà de l'évaluation détaillée des transferts de salaires et de prestations vers les pays d'origine des travailleurs étrangers, l'étude précisera la contribution de la main-d'œuvre immigrée à la production nationale et au développement des capacités exportatrices de notre pays. »

On le voit, le gouvernement de l'époque prenait pour prétexte le déficit du commerce extérieur pour mesurer les incidences de la présence ou de l'éventuelle absence des immigrés sur l'économie française. Le groupe de travail interministériel auteur du rapport Le Pors, qui demeure la seule source sérieuse sur le sujet, s'est montré à la fois prudent et formel dans ses conclusions : « Les possibilités de substitution des travailleurs français aux travailleurs immigrés semblent limitées dans l'immédiat. Une régression trop rapide de la population immigrée pourrait même être cause d'un chômage technique des nationaux (...) les travaux de simulation macro-économique (...) confirment en les complétant les observations faites au niveau sectoriel. Parmi les hypothèses d'évolution étudiées, celle d'une situation économique moyennement déprimée avec une politique d'immigration restrictive a fourni les résultats les plus caractéristiques. Dans le cadre des hypothèses retenues et de la logique du modèle, une réduction de la population immigrée n'entraînerait que peu de créations d'emplois pour les nationaux et, même compte tenu d'une faible réduction des transferts de fonds, provoquerait une aggravation du déficit extérieur [1]. »

A travers divers scénarios s'appuyant sur des modèles

1. Anicet Le Pors, « Immigration et développement économique et social », *La Documentation française*, mai 1976.

économétriques, il est apparu qu'une diminution de 150 000 travailleurs étrangers aurait permis, dans l'hypothèse la plus favorable – mais la moins réaliste –, la création de 53 000 emplois. Et plus vraisemblablement de 13 000 seulement. Les auteurs du rapport ont en effet observé que les immigrés occupent essentiellement des emplois de production caractérisés par la déqualification des tâches, leur pénibilité et la médiocrité des salaires. Il est peu probable, même en période de crise, que des Français acceptent ces emplois dans les mêmes conditions. La première conséquence d'un remplacement nombre pour nombre serait une augmentation des coûts de production, et donc des prix. Avec un effet prévisible dans les secteurs les plus exposés à la concurrence internationale : baisse de la compétitivité tant sur le marché intérieur qu'extérieur. Et la détérioration accrue de la balance commerciale serait loin d'être compensée par le ralentissement de l'envoi à l'étranger par ces travailleurs d'une partie de leur salaire.

On sait parfaitement que la plupart des entreprises ne remplaceraient pas les partants, mais qu'elles choisiraient plus probablement d'acquérir des machines ou des robots. Les hommes sont désormais considérés comme trop coûteux financièrement ou socialement : on leur préfère, lorsque cela est possible, l'investissement productif, voire la production hors territoire.

Le départ des immigrés, s'il devait être envisagé d'une manière ou d'une autre, coûterait donc cher à la France et n'ouvrirait que peu de postes de travail. Ces hommes et ces femmes ne sont pas la cause de la crise. On peut seulement leur imputer d'avoir, innocemment, par leur présence, permis à une partie de notre industrie de choisir le court terme au détriment de l'avenir. Une main-d'œuvre abondante et bon marché a longtemps évité, dans certaines branches, l'innovation et la modernisation qui eussent permis de négocier plus facilement la période turbulente que nous traversons depuis une dizaine d'années.

Du fait de leur place dans le système de production, les immigrés sont d'ailleurs aujourd'hui victimes, plus encore que les Français, des effets de la récession : les premiers à être touchés par les mesures de licenciement, les premiers à être frappés par l'augmentation de l'automation, par la robotisation. Leur sort n'est guère enviable. On voit bien que les emplois qu'on leur enlève ne sont plus nécessaires à l'économie et qu'ils ne le redeviendront pas dans l'avenir. Ces emplois disparaîtront, purement et simplement. La question qui se pose est moins de savoir si les travailleurs français pourraient remplacer les immigrés que d'imaginer les moyens de recycler ces ouvriers dont l'économie a moins besoin aujourd'hui qu'hier. Or, ni ces travailleurs ni leurs enfants n'ont été préparés à occuper des métiers qualifiés. La suite donnée aux mesures de licenciement chez Talbot-Poissy sera à cet égard révélatrice : courant 1984, que seront devenus ces hommes qui ont usé une partie de leur santé et de leur force de travail sur les chaînes? Et quel sera le destin de leurs familles?

Ils financent aussi les régimes sociaux

« Les immigrés coûtent plus cher qu'ils ne rapportent. Les déficits des budgets sociaux, c'est eux. Ils vivent sur le dos des Français. » Décidément, quoi que fassent ces

étrangers, que ne leur reproche-t-on! S'ils travaillent, ils volent l'emploi des Français; s'ils ne travaillent pas, ils exploitent leur mansuétude. Dans tous les cas, les immigrés constituent une menace pour le fragile équilibre des budgets sociaux de la nation. Ils aggravent le déficit de la Sécurité sociale en remplissant les hôpitaux... Ils pèsent sur le régime des prestations familiales... Ils vident les caisses de retraite... Et, en plus, lorsqu'ils sont chômeurs, il faut les payer à ne rien faire. Tous des parasites!

Ces reproches adressés aux immigrés oublient de prendre en compte le fait que s'ils « profitent » des avantages sociaux inscrits dans le droit français, c'est parce qu'ils contribuent à les financer. Ils les financent même davantage qu'ils n'en bénéficient.

Comme tous les travailleurs, les immigrés cotisent à la Sécurité sociale. Il est donc normal qu'ils soient assurés sociaux. Et ils en ont besoin. Leur état de santé est souvent altéré par de mauvaises conditions de travail et de logement, leur nutrition laisse à désirer. Malgré cela, un étranger dépense en moyenne chaque année deux fois moins qu'un Français en médecine générale.

Toutes les études montrent qu'on consomme d'autant plus de soins (et notamment de soins chers) qu'on appartient aux catégories sociales les plus favorisées. Comme les ouvriers français, les immigrés vont moins souvent chez le médecin, chez le dentiste ou l'ophtalmologiste qu'un employé ou un cadre. En outre, un assuré est d'autant plus coûteux pour la caisse maladie qu'il est âgé. Or, la population immigrée est en moyenne plus jeune que la population nationale. Ainsi, bien que les immigrés aient deux fois et demie plus d'accidents du travail que les Français, et bien qu'ils fassent davantage d'enfants, leurs dépenses d'hospitalisation restent inférieures à celles de la population française. Une enquête réalisée par la Caisse primaire d'assurance maladie de la région parisienne, où sont concentrés 1,5 million d'étrangers, estimait que le remboursement de maladie, d'accidents de travail et de maternité coûtait en moyenne, par an, 3 820 F pour un Français et seulement 3 251 F pour un immigré [1]. Les immigrés participent donc davantage à l'équilibre du régime maladie de la Sécurité sociale qu'ils ne le compromettent.

Il en va de même pour les prestations familiales. Là encore, les immigrés cotisent comme tous les travailleurs et, contrairement aux idées reçues, les prestations qu'ils perçoivent sont inférieures à celles que touchent les familles françaises. Pour une raison très simple. Près de 600 000 travailleurs étrangers ont laissé femmes et enfants dans leur pays d'origine. Et les allocations familiales ne leur sont versées que dans la mesure où des accords bilatéraux lient la France à ces pays. Lorsque ces accords existent, les versements se font non sur la base du taux français, mais en fonction du coût de la vie dans le pays où réside la famille. Ces prestations varient ainsi selon la nationalité des travailleurs, mais elles sont toujours inférieures à ce qu'elles seraient en France. Encore convient-il de préciser qu'elles prennent en compte, pour chaque famille, les quatre premiers enfants seulement, et pas les suivants, s'il y en a.

Un rapport de l'administration tenu confidentiel (pourquoi, au fait?) estime que, pour 1981, la différence entre ce qui est perçu par les immigrés et ce qu'ils ont versé à la Caisse nationale des allocations familiales représente un solde positif de 3 milliards de francs. Il était convenu, lors

1. Étude réalisée en 1978.

de la création du Fonds d'action sociale (FAS), dont l'objet est de financer des actions en direction des immigrés (logement, alphabétisation, formation), que celui-ci serait alimenté par ce solde. On constate que, dans le budget du FAS pour 1983, le versement de la CNAF n'atteint pas... 1 milliard.

En ce qui concerne les pensions de retraite du régime général, ce sont également les Français qui sont redevables aux immigrés. Pendant de longues années, ces pensions ont pu être versées aux retraités grâce à l'arrivée sur le marché du travail de travailleurs étrangers, tous jeunes. En effet, les Français actifs n'étaient pas alors assez nombreux pour permettre aux retraités de vivre décemment. Cette situation est encore celle que nous connaissons aujourd'hui. Mais les immigrés contribuent encore d'une autre manière à relever le montant des retraites versées. Ceux qui ont travaillé en France sont proportionnellement moins nombreux que les Français à toucher une pension pour laquelle ils ont cotisé. Un certain nombre d'entre eux, rentrés dans leur pays d'origine après trois ou quatre ans passés en France, oublient de faire valoir leurs droits, soit par ignorance, soit en raison de la difficulté à rassembler depuis l'étranger les documents nécessaires; en outre, ceux qui ont connu une mobilité importante, passant d'un emploi à l'autre, ont souvent du mal à reconstituer leur carrière au moment de l'établissement du dossier de retraite. Les fonds payés par ces deux catégories de travailleurs sont perdus pour eux. Pas pour les autres.

De même que pour l'emploi ou la fiscalité, un départ massif des immigrés ne saurait être une bonne affaire pour les Français. Il n'entraînerait pas une diminution des déficits des budgets sociaux, mais au contraire leur amplification. Le rapport Le Pors, qui fait un bilan des recettes et des dépenses sociales liées aux immigrés, le souligne : « La comptabilisation des coûts sociaux de droit commun imputables à la population étrangère comme l'ébauche de bilan social effectuée montrent que, selon les catégories d'aides ou de dépenses, cette population est parfois avantagée et d'autres fois désavantagée par rapport à l'ensemble de la population française. Cependant, globalement, il semble assuré que le bilan est positif pour les finances publiques et qu'il devrait le demeurer à moyen terme, même dans l'hypothèse du maintien d'une politique restrictive d'immigration, compte tenu des caractéristiques démographiques de la population immigrée (taux d'activité élevé, structure d'âge favorable) [1]. »

Pour l'avenir, on peut prévoir que ces « avantages » induits de l'immigration disparaîtront progressivement. Ils deviendront nuls lorsque les immigrés se seront fondus dans la société française, lorsque leur mode de vie, leur comportement à l'égard de la santé, leur attitude face à la vieillesse, s'aligneront sur ceux du reste de la population. Nous n'en sommes pas encore là. Aujourd'hui, sans aucun doute possible, les immigrés rapportent aux Français bien plus qu'ils ne leur coûtent.

Des comparaisons insoutenables

Une précision tout de même : cette argumentation sur le coût relatif des immigrés, même si elle repose sur des chiffres exacts, a quelque chose de déplaisant. Le coût

1. Anicet Le Pors, *op. cit.*, p. 194.

d'un individu ou d'une communauté ne saurait s'apprécier uniquement en termes financiers. A vouloir tout ramener à sa valeur marchande, on finit par tomber dans l'indécence. Les compagnies d'assurances savent parfaitement combien leur coûte un mort ou un blessé de la route. Ira-t-on pour autant dire à sa famille qu'il s'agit là de son prix? Comparer le coût d'un immigré à celui d'un Français est, de la même manière, insoutenable. Toute comparaison d'individu à individu ou de groupe à groupe ne peut avoir qu'un usage statistique et non politique. Elle est en outre sujette à caution. Le Français alcoolique coûte cher à la Sécurité sociale et c'est l'immigré musulman, sobre, qui contribue à payer les soins que le premier reçoit. En revanche, une famille étrangère de huit enfants coûte plus cher aux budgets publics qu'une famille française de deux enfants. Quelle conclusion tirer d'observations aussi contradictoires que celle-là? Aucune, sinon que la population française, comme la population étrangère, est hétérogène.

Mais il faut tout de même que l'on cesse de laisser se répandre ces contre-vérités sur le prétendu coût des immigrés. L'usage qu'en font certains dépasse aujourd'hui les limites du supportable. En écho à M. Le Pen qui déclare que « le système de protection sociale en France ne doit plus s'appliquer qu'aux seuls nationaux [1] », MM. Arreyx, Gaudin ou Chirac suggèrent, pour séduire leur électorat, que les équipements publics et les services municipaux soient réservés en priorité aux Français. Ainsi, par exemple, pour les crèches et les écoles. Demain, peut-être les hôpitaux. Verra-t-on donc des immigrés rejetés de l'Assistance publique parce qu'ils sont

1. *L'Express*, 23-29 septembre 1983.

clandestins, même s'ils peuvent payer pour les soins dont ils ont besoin? Est-il supportable que les enfants puissent se voir refuser l'accès à l'école maternelle parce que leurs parents sont sans papiers? A une époque où l'on invite les téléspectateurs à verser leur obole pour que les enfants d'Afghanistan ou du Nicaragua puissent avoir un cahier et un crayon pour apprendre à écrire, M. Chirac, à Paris, donne l'ordre de refuser dans les écoles communales les enfants dont les parents étrangers ne seraient pas en règle. Sans que cela suscite la moindre réaction, sans qu'on relève la contradiction.

La lutte contre les étrangers en situation irrégulière n'est pas l'affaire des maires. Il est inquiétant que des élus – et non des moindres – institutionnalisent des discriminations d'accès au service public fondées sur l'appréciation d'une situation juridique qui relève de la police et de la justice. Certes, des élus peuvent être légitimement soucieux d'éviter que leurs communes ne deviennent des hâvres de populations étrangères hors la loi qui trouveraient là des moyens de survivre en émargeant au budget de la collectivité. Mais c'est en concertation avec l'État que de tels problèmes doivent être traités et non par la seule commune concernée. On suppose au demeurant que la politique annoncée par M. Chirac à Paris est au moins autant inspirée par le souci de satisfaire son électorat que par celui de veiller à l'équilibre du budget de la capitale, qui n'est pas le plus pauvre de la nation.

Reste que la plupart des étrangers qui vivent en France sont en règle et qu'il convient de respecter leurs droits. Leur refuser, parce qu'ils sont étrangers, les avantages que procure le fait de travailler en France, c'est oublier qu'ils ont, au même titre que les travailleurs français, contribué à les rendre possibles. Au prix de millions d'accidents du travail. Au prix de leur vie, également, il n'y a pas si longtemps, aux heures tragiques de notre histoire. S'est-on jamais préoccupé de comptabiliser le coût supporté par les tirailleurs sénégalais ou vietnamiens, les fantassins musulmans, les spahis, les supplétifs de la guerre d'Algérie, par tous ces soldats que la République a enrôlés dans les rangs de l'armée française pour assurer sa survie et son honheur?

Combien coûte le racisme?

Est-ce tout? Pas encore. Le déficit de la balance des comptes, ce serait eux aussi. Certes, les immigrés n'en sont plus dès qu'ils marquent des buts au Parc des Princes ou gagnent à Roland-Garros. Les champions rapportent (ou ont rapporté) des millions au fisc. Mais on s'indigne des transferts de salaires opérés par des ouvriers émigrés au bénéfice de leurs familles. Ces transferts représentent environ 6 000 francs par an et par foyer. Soit moins que ce que dépense en moyenne une famille française pour ses vacances à l'étranger. Et infiniment moins encore que les capitaux placés hors des frontières par les Français fraudeurs.

On ne calcule pas les rentrées de devises qu'on doit à certains immigrés d'hier et à leurs enfants. La France qui les a accueillis bon gré mal gré se les approprie dès lors qu'ils deviennent célèbres. Personne ne dira que ces écrivains, ces savants, ces peintres, ces acteurs n'ont pas leur place en France. Et qui peut affirmer qu'il n'y a pas parmi les enfants de l'immigration actuelle de futurs Modigliani, Picasso, Montand ou Isabelle Adjani?

A tenir des comptes toujours dans le même sens, on en vient à oublier que le racisme a aussi son coût. Il faut dire aux Français que les actions xénophobes et les discours des hommes politiques qui les encouragent font le plus grand tort à leurs intérêts. Si les Français acceptent qu'on incite, par tous les moyens, les étrangers à partir, leur propre image, celle de leur pays, ne cessera de se ternir à l'extérieur. C'est l'avenir des relations économiques, linguistiques, culturelles entre la France et des pays dont elle a besoin qui sera gravement compromis.

Il est des signes qui ne trompent pas, des signes inquiétants que les visites diplomatiques « chaleureuses » ne masquent pas. Ainsi à l'occasion des Neuvièmes Jeux méditerranéens à Casablanca au cours de l'été 1983, les athlètes français, qui ont pourtant remporté un nombre honorable de médailles, se sont-ils fait huer par un stade archicomble. La ministre représentant le gouvernement français n'a pas été épargnée, précisément parce que ce n'était pas les sportifs que la foule prenait à partie. Si l'affaire est passée presque inaperçue en France, elle a fait les gros titres de la presse maghrébine. Ainsi que l'écrivait le quotidien marocain *Al Maghrib* : « C'est la France qu'on siffle, cette France amie avec laquelle nous avons tant de liens mais qui en apparence nous tourne le dos [1]. » Comment ensuite espérer de ce pays et d'autres avec lesquels nous conservons heureusement des liens très forts, qu'ils souhaitent développer leurs échanges avec la France, qu'ils considèrent la langue française comme un instrument privilégié de culture? L'arabisation des pays

1. *Al Maghrib*, 15 septembre 1983.

du Maghreb, et notamment de l'Algérie, le recul qu'y connaît le français ne sont pas seulement une conséquence de l'indépendance. Partout dans le Commonwealth britannique, on continue de parler et d'enseigner l'anglais. Le français, lui, sera d'autant plus menacé dans nos anciens territoires qu'il deviendra le symbole d'une nouvelle forme d'oppression. Celle que subissent sur notre sol les ressortissants de ces pays.

Si cette régression de la francophonie s'amplifiait, ce n'est pas seulement le prestige intellectuel de la France qui déclinerait. Mais aussi la vente des machines, des technologies, des biens d'équipement, des produits de consommation que nous exportons. Ces immenses marchés en développement se détourneront de nous. Le cordon ombilical sera coupé une seconde fois et peut-être définitivement. Parce que l'image d'une France amie et associée, terre d'accueil, de générosité et de liberté aura été ternie. Cela, aussi, peut coûter très cher.

Tous des délinquants?

« Les immigrés sont tous des délinquants, au moins en puissance. Quand je les croise dans la rue, dans le métro, le soir, j'ai peur. » De tous les stéréotypes qui collent à la peau des étrangers bronzés, voilà celui qui fait le plus recette. La crise, on l'a vu, a eu pour conséquence de renforcer le refus de partager l'emploi et les avantages sociaux avec les travailleurs immigrés. Elle a, de plus, fortement contribué à développer dans l'opinion le sentiment d'une montée de l'insécurité. Une insécurité dont

la population étrangère serait directement responsable.

La peur que ressentent les Français pour leurs biens et leur personne apparaît dans tous les sondages. Ce sentiment croissant d'insécurité s'explique d'autant mieux que notre système social s'est efforcé, avec succès, depuis près d'un demi-siècle, d'assurer une protection accrue contre les accidents de la vie. La Sécurité sociale, les Assedic, les polices d'assurances défendent chacun contre les conséquences matérielles de la maladie, de la vieillesse, du chômage, voire de la mort. Qu'on puisse attenter à la sécurité des individus, qu'on puisse leur voler ce qu'ils possèdent n'en paraît que plus intolérable. Jean-Claude Chesnais, dans une magistrale histoire de la violence, l'explique très bien : « La sécurité physique est considérée (aujourd'hui) comme un droit; elle est l'objet d'une soif croissante au fur et à mesure que les autres aléas de l'existence sont couverts [1]. » Alors que la violence, comparée à ce qu'elle fut à d'autres époques, même proches de nous, est en régression, alors que son niveau reste inférieur en France à ce qu'il est dans d'autres pays voisins, ses manifestations sont ressenties comme inacceptables, insupportables. Et comment ne le seraient-elles pas pour la victime?

Y a-t-il pour autant, comme on le répète partout, une montée de l'insécurité en France?

Les statistiques sur la criminalité, qui amalgament crimes de sang, vols à la tire et chèques sans provision, ne permettent guère de dessiner une image précise de l'évolution de la réalité de la violence. Or, ce sont généralement ces chiffres-là qui circulent, ceux qui sont jetés en

1. Jean-Claude Chesnais, *Histoire de la violence*, Robert Laffont, Paris, 1982.

pâture au public. Une analyse plus détaillée des statistiques donne deux indications intéressantes. La grande criminalité se révèle être relativement stable depuis de longues années. Mais la petite comme la moyenne délinquance ont connu depuis vingt ans une croissance spectaculaire : en France, 8 % de plus, en moyenne, chaque année. De là à attribuer cette augmentation à la présence des immigrés...

Qu'en est-il réellement? On peut, à cette question, répondre sans hésitation que les étrangers ne sont ni plus ni moins délinquants que les Français, et lorsqu'il apparaît qu'ils le sont davantage, c'est moins parce qu'ils sont étrangers que parce qu'ils appartiennent à des classes d'âge et à des catégories socio-professionnelles où l'on rencontre les taux de délinquance les plus élevés. Cela peut être difficile à admettre : à entendre certains discours, on finirait par penser que tous les délinquants sont des immigrés et tous les immigrés des délinquants. Ce qui, bien sûr, est faux. Les étrangers sont, en revanche – on l'oublie trop souvent –, victimes de la violence et vivent eux aussi dans un climat réel et croissant d'insécurité.

Les idées toutes faites sur le type de délinquance que « produirait » chaque nationalité sont aussi nombreuses et diversifiées que les nationalités qui composent l'immigration. Les Italiens seraient voleurs, les Turcs violents, les Maghrébins violeurs : si un portefeuille est dérobé dans le métro, c'est forcément un enfant yougoslave qui a commis le forfait. Si une résidence secondaire est cambriolée, ce sont des Tziganes qui ont fait le coup. Le thème de la « délinquance bronzée » rencontre partout un vif succès. MM. Chirac ou Bergeron répètent à la moindre occasion que la France est envahie; et comme on sait que les envahisseurs ne viennent jamais innocemment... A Paris, dans le XVIIIe arrondissement, Alain Juppé assimile délinquance et présence d'étrangers. A Dreux, M. Stirbois prétend que les immigrés représentent 75 % des clients des armuriers. A Bron, et ailleurs, même chanson.

Les statistiques du ministre de la Justice montrent que 85 % des délits commis en France le sont par des Français. Tous les criminels et délinquants, loin s'en faut, ne sont donc pas des étrangers. Pour la grande criminalité, les étrangers paraissent proportionnellement moins violents que les Français. Ainsi, entre 1971 et 1973, années pour lesquelles on dispose de statistiques détaillées, on relève qu'il y eut 7,4 % d'étrangers condamnés aux Assises, alors que les immigrés actifs représentaient 12,3 % de la population masculine active. En revanche, parmi les petits et moyens délinquants, les immigrés seraient sur-représentés [1].

Annina Lahalle, auteur d'une des rares thèses qui fassent autorité sur ce sujet, émet cependant d'importantes réserves « sur les conclusions qui apparaissent découler d'études statistiques fondées sur des données globales qui comparent des populations (les Français et les étrangers) dont la structure sociale est profondément différente. Pour que la comparaison soit probante, il faudrait comparer les étrangers de chaque nationalité avec une population de Français de composition d'âge, de sexe, de catégorie socio-professionnelle et de condition de logement identiques, puisqu'on sait que la criminalité est fortement influencée par ces facteurs ». Or, de telles études n'existent pas. L'auteur démontre en revanche, à travers l'analyse des dossiers des jeunes délinquants présentés aux parquets de Bobigny, Créteil et Versailles – trois zones de

1. Aucune statistique précise n'existe à ce sujet, compte tenu de la difficulté de recenser tous les délits relevant de ces deux catégories.

forte population immigrée –, que ce n'est pas le fait d'être étranger qui détermine la délinquance, ni même la distance culturelle d'avec la société d'origine : « les jeunes Maghrébins, dont la famille bénéficie d'une " situation " socio-économique favorable (mais dont la distance socioculturelle est plus affirmée), comme par exemple les enfants de cadres ou de diplomates, ne font pas apparaître une délinquance " spécifique " plus fréquente ou différente de celle des jeunes Français de même catégorie socio-économique; par contre, les jeunes Français dont la famille est située au plus bas de l'échelle sociale présentent une délinquance aussi fréquente et souvent plus grave que celle des jeunes Maghrébins [1] ».

Les causes profondes de la délinquance sont d'ailleurs bien connues : le rapport Peyrefitte les avait déjà explorées. Le rapport de la Commission des maires sur la sécurité les a rappelées : « Condition d'habitation et notamment surpeuplement et ségrégation dans certains immeubles, sur-occupation de logements, difficultés d'insertion professionnelle et sociale, évolution des modes de vie familiaux, disparition de la vie sociale organisée durant la journée, absence de contrôle social dans les relations de quartiers, pauvreté et marginalité de certaines catégories de population, aggravées par certains phénomènes comme la drogue, l'alcoolisme, multiplication des tentations liées à l'augmentation des biens disponibles, crise économique (...) c'est en définitive l'ensemble des causes qui alimentent la délinquance tout comme il peut engendrer la folie, le suicide, la drogue ou l'alcoolisme [2]. »

1. Annina Lahalle, *La Justice et la Déviance des jeunes immigrés*, thèse, Ecole des hautes études en sciences sociales, 1982 : t. 2, p. 26 et t. 1, p. 168.
2. Rapport Bonnemaison, « Face à la délinquance : prévention, répression, solidarité », *La Documentation française*, janvier 1983.

Or, les immigrés, et en particulier leurs enfants, élevés dans le béton, l'indifférence, la pauvreté, se montrent particulièrement sensibles aux tentations de la marginalité. Mehdi Charef raconte comment le héros de son roman, malgré la présence d'une mère soucieuse d'honorabilité et de réussite, trompe l'ennui et défie (modestement) la société qui le rejette en allant avec son copain, un jeune Français de la cité, se faire de l'argent dans le métro. « Pour eux c'est un moyen comme un autre de se faire du pognon. Ils n'en sont pas à leur première tentative. " Se faire un métro " voulait dire dans leur jargon : faire le pickpocket en sous-sol. Puis, quand on est chômeur et pas aidé, on ne regarde pas aux moyens de se payer un sandwich et un paquet de cigarettes. Vivre au jour le jour et se taper le coquillard de ce que pourra être demain! Tels les animaux [1]. » Les enfants d'immigrés ne sont cependant pas les seuls à faire preuve de cette fragilité. De jeunes Français « plongent » aussi pour les mêmes causes.

Être bronzé, un délit

Si on trouve dans les prisons, en détention provisoire, pour des vols de blousons ou d'autoradios proportionnellement davantage de jeunes étrangers que de jeunes Français, c'est pour des raisons que les criminologues connaissent bien. Il est plus courant pour un jeune à la peau basanée que pour un autre de se faire interpeller. Dans la

1. Mehdi Charef, *op. cit.*

rue, dans le métro, dans les quartiers « à problèmes », les vérifications d'identité auxquelles procède la police ne sont pas neutres : elles visent d'abord les jeunes, et parmi eux, de façon prioritaire, ceux qui ont une « gueule d'étranger ».

Qu'un incident se produise, et l'interpellation frappera automatiquement en premier lieu les personnes de couleur. Les réflexes de la police sont ainsi conditionnés : cela peut se vérifier tous les jours. Ensuite, au commissariat, de deux jeunes dont l'un est français, l'autre étranger, le premier rentrera plus sûrement le soir chez lui que le second. Celui-ci a toute chance d'être gardé à vue et déféré au parquet. L'article 44 du Code de procédure pénale lui assure presque à coup sûr la détention provisoire : il n'offre pas aux yeux du juge des « garanties de représentation », c'est-à-dire un revenu, un domicile, une famille dont il puisse faire état. Plus souvent chômeur qu'un jeune Français, il hésitera à donner son adresse par crainte des réactions de ses parents : ceux-ci redoutent davantage la police que les Français, car ils craignent l'expulsion. Entre la masse et l'enclume, ces jeunes choisissent ce qui leur semble être le moindre mal.

Lorsqu'on examine les statistiques des condamnations dont on dispose, celles-ci indiquent que les jeunes immigrés ne sont, au bout du compte, ni plus ni moins délinquants que les jeunes Français de la même classe d'âge issus du même milieu social. Annina Lahalle relève par exemple, à travers les dossiers qu'elle a étudiés, que « la “ sur-criminalité ” des jeunes Maghrébins semble plus apparente que réelle. En effet, la petite délinquance est chez eux plus précoce, ceci découlant sans doute du fait que les familles très nombreuses ayant un niveau de ressources très bas sont en nombre important : les jeunes

Maghrébins restent donc plus longtemps (13 à 18 ans) dans le champ d'observation de la délinquance juvénile (de 15 à 18 ans). Il s'ensuit en effet l'illusion tendant à faire croire qu'ils sont plus nombreux, alors que les tranches d'âge ne sont pas les mêmes (...) En revanche, la délinquance la plus grave apparaît moins élevée chez les jeunes Maghrébins que chez les jeunes Français. Une comparaison de la délinquance des jeunes de différentes origines selon le niveau de ressources de leur famille ne ferait pas apparaître une sur-criminalité des Maghrébins, mais une sur-criminalité des enfants des familles dont les ressources par tête sont les plus faibles [1]. »

En résumé, les immigrés sont délinquants essentiellement parce qu'ils sont jeunes et parce que, indépendamment de leur origine, ils appartiennent aux catégories les plus déshéritées de la nation. Celles-ci ont toujours présenté un plus haut risque de criminalité légère que les autres. De la même façon, la criminalité économique – qui représente 20 % des délits – est davantage le fait de la bourgeoisie que de la classe ouvrière...

Les préjugés n'en ont pas moins la vie dure : puisque l'insécurité augmente et qu'on rencontre de plus en plus d'étrangers dans les rues, l'insécurité, c'est leur faute à eux! La France n'est pourtant pas un foyer d'insécurité ainsi que certains le proclament. Notre pays vient loin derrière la plupart des nations du monde développé comme la Suède, le Canada, les États-Unis ou l'Allemagne fédérale pour le taux de criminalité, c'est-à-dire le nombre de crimes et de délits commis pour 1 000 habitants. En 1980, le taux de criminalité pour 1 000 habitants était de 49 en France, 104 en Suède, 98 au Canada, 79 au

1. Annina Lahalle, *op. cit.*

Danemark, 61 en RFA, 55 aux États-Unis. Et encore ces chiffres englobent-ils l'ensemble des infractions à la loi, notamment ce qu'on appelle « les infractions astucieuses contre les biens » qui regroupent l'ensemble des actes de délinquance économique ou financière. Et celles-ci ont connu une augmentation spectaculaire avec une progression de 16 % entre 1980 et 1981.

L'idée que se fait l'opinion de l'insécurité est souvent sans rapport avec la réalité de la criminalité : « La délinquance ne fournit pas tout le contenu de l'insécurité. Etre employé dans une usine en règlement judiciaire est aussi " insécurisant " que rentrer à pied dans son pavillon à minuit. L'insécurité est un concept commode qui recouvre des réalités multiples, renvoyant aussi bien aux problèmes de l'emploi, de l'effondrement des valeurs, des défaillances du système scolaire, de la crise de confiance des citoyens envers les institutions qu'à la délinquance [1]. » Or, la présence d'immigrés alimente l'inquiétude, dans la mesure où le mode d'existence de ceux-ci, leurs vêtements, leur religion et bien sûr leur apparence physique s'écartent d'une norme sécurisante. Qu'un étranger commette un délit, et l'acte, quel qu'il soit, revêt un caractère de gravité supérieur à la même action commise par un Français : quand on n'est pas chez soi, on doit bien se conduire. Avant la guerre de 1939, dans une période où déferla sur la France une vague xénophobe en beaucoup de points comparable à celle que nous voyons se développer, le « bon étranger » était celui qui ne se mêlait ni de politique ni de syndicalisme, qui se faisait remarquer le moins possible, qui savait « rester à sa place ». Aujourd'hui comme alors, quand un immigré enfreint la

1. Rapport Bonnemaison, *op. cit.*

loi, sa responsabilité rejaillit sur l'ensemble de la communauté étrangère à laquelle il appartient et désigne tous ses membres comme dangereux. Dans certaines villes, un racisme comparable peut jouer à l'encontre d'une partie de la population, française cette fois, tenue en suspicion parce qu'elle habite un quartier considéré comme mal famé. Ainsi à Dreux, les habitants de la cité Prodhomme construite à l'écart de la ville dans les années cinquante pour accueillir les familles les plus déshéritées ont longtemps été perçus comme inquiétants. Le même phénomène joue contre les immigrés.

L'exploitation de faits divers par les journaux à scandale et par une partie de la presse quotidienne nationale ou régionale contribue bien entendu à nourrir cette psychose. Le sang et la peur ont toujours fait vendre du papier. Et d'autant plus que le récit détaillé des violences confirme au lecteur le bien-fondé de ses angoisses. Le choix des titres, des photos va toujours dans le même sens. Quand il le faut, c'est la nationalité ou l'ethnie de la victime – non pas celle de l'agresseur! – qui est mise en avant pour bien montrer que les étrangers sont fauteurs de troubles, quoi qu'ils fassent.

A Dreux, à l'occasion d'un événement tragique, on a vu comment pouvait être ressentie par la population d'origine musulmane la façon dont la presse rend compte des faits divers qui la concernent. Un Français musulman, ancien harki, ayant succombé des suites de coups et blessures, les journaux locaux, après avoir tenté de minimiser le drame, ont publié la photographie de la victime. La communauté française musulmane a réagi immédiatement par une imposante manifestation devant le commissariat de police. L'une de ses revendications était la publication par les journaux de la photo de l'agresseur, gendre du patron du bistrot où s'était déroulée la bagarre. Ces Français de confession musulmane n'avaient pas tort. Combien des leurs, arrêtés pour des petits délits, ont été photographiés par les journalistes grâce à la complicité de la police pendant leur garde à vue et signalés par les journaux à la vindicte de la population? Un jeune Français arrêté pour les mêmes motifs risque moins, surtout si sa famille est « honorablement connue », de voir son nom et surtout son visage paraître dans le journal local.

La peur de ceux qui font peur

Les Français trouvent qu'ils vivent dans un climat de grande insécurité. Que diraient-ils s'ils étaient immigrés? On a tendance à ignorer la violence qui frappe les étrangers, à n'y voir que des actes isolés ou des « accidents ». Quand un immigré est victime de violences, c'est pourtant d'abord, presque toujours, parce qu'il est étranger : un enfant trop frisé qui « dérange » le voisinage; un jeune fils d'immigré, ou immigré lui-même, qui « provoque » un policier; un ouvrier au teint basané qui « cherche des histoires »... Or, l'insécurité que connaissent les immigrés n'est pas anodine, il y a souvent mort d'homme, d'adolescent ou d'enfant.

La violence que subissent les étrangers est la manifestation extrême du climat de suspicion et de mépris qu'ils disent rencontrer quotidiennement. Cela commence par le reproche, voire le dégoût, que l'étranger lit dans le regard des autres. Cela se poursuit par l'interpellation dans la rue, sur le lieu de travail, dans l'immeuble où il n'est pas Monsieur Untel, mais le « bougnoule », le « melon », le « raton » ou le « portos ». Cela se confirme dans l'attitude du supérieur hiérarchique, du « petit chef » : on a vu jusqu'où elle pouvait aller à Aulnay, en avril 1982, où, dans un contexte explosif, un contremaître lançait à l'adresse d'un OS marocain : « Je ne discute pas avec les esclaves. » Cela se vérifie dans le comportement des employés au guichet de la Sécurité sociale ou de la Poste qui s'irritent de la lenteur des étrangers à comprendre ce qu'on leur demande ou dans les slogans racistes qui envahissent les murs : « mort aux bougnoules », « les étrangers à la mer ». Cela se confirme dans les attentats, les meurtres, les « ratonnades », hélas monnaie courante.

Les immigrés ne sont ni sourds, ni aveugles, ni insensibles. Ils voient bien, lorsque la violence raciste se déchaîne, lorsqu'elle détruit et lorsqu'elle tue, que ce sont généralement des Maghrébins qui sont visés. A Poissy, en janvier 1984, on a entendu crier à l'adresse d'ouvriers marocains : « Au four, au four. » Comme si les plaies de la colonisation et de la guerre d'Algérie n'arrivaient pas à se refermer. Parmi les Français, rapatriés ou non, ex-défenseurs et militants de l'Algérie française, on trouve encore des individus exaltés qui n'acceptent pas que les Arabes aient eu accès à la dignité nationale. Et ne parlons pas des plus jeunes, qui n'ont pourtant pas connu les soubresauts de la décolonisation, mais qui affichent les mêmes attitudes, les mêmes réflexes xénophobes et racistes.

Les prétextes les plus divers, politiques ou non, servent de détonateurs aux flambées meurtrières. Ce fut le cas en 1971 où la nationalisation des pétroles par le gouvernement algérien a déclenché une vague de crimes et d'agressions aveugles contre des ressortissants de ce pays.

Un peu partout en France, mais surtout à Paris et à Marseille, des dizaines d'Algériens ont été « éliminés » au cours des mois de mars et avril. En 1973, comme pour répondre aux premières grèves des immigrés qui avaient éclaté au printemps chez Renault ou dans la sidérurgie marseillaise, au moment également où se déclenchaient les premiers grands mouvements des étrangers sans-papiers soutenus par les Églises catholique et protestante, violences et attentats racistes se sont multipliés. Ainsi à Grasse, une manifestation paisible de Maghrébins contre la circulaire Marcellin se termina par une nuit de « ratonnade ».

Dans tout le Midi, l'été 1973 fut particulièrement sanglant : à Ollioule dans le Var, à Nice, à Marseille où, en une semaine d'août, huit Algériens furent tués... Pendant ce même mois d'août 1973, l'assassinat d'un traminot de Marseille par un déséquilibré de nationalité algérienne devait déchaîner une nouvelle vague de colère. Le lendemain du meurtre, on pouvait lire dans *le Méridional* sous la plume d'un ancien député de droite : « nous en avons assez. Assez des voleurs algériens, assez des casseurs algériens, assez des fanfarons algériens, assez des trublions algériens, assez des syphilitiques algériens, assez des violeurs algériens, assez des proxénètes algériens, assez des fous algériens, assez des tueurs algériens. » Les jeunes gaullistes de l'UJP, les comités de Défense de la République et même le CDS local rivalisèrent de zèle pour attiser le feu à coups de communiqués. Pendant ce temps, dans la rue, en guise de représailles, quatre Algériens étaient abattus. Pierre Viansson-Ponté, dans *le Monde*, commenta ainsi ces événements : « Le retraité bordelais qui, excédé par le bruit, a tué samedi, à coups de revolver, deux garçons de seize et dix-sept ans et blessé une jeune fille de dix-huit ans, n'était pas un Nord-Africain. Le conducteur de la voiture qui, dimanche à Attainville, a manqué un virage à grande vitesse, fauché un groupe de piétons, tuant quatre personnes et en blessant une cinquième, n'était pas un Nord-Africain. Le tueur qui a abattu de deux balles dans la tête dimanche matin à Paris, rue de la Roquette, un médecin tchadien (...) ne paraissait pas selon les témoins du meurtre être un Nord-Africain. Mais le dément qui a poignardé samedi un chauffeur d'autobus et blessé quatre voyageurs était un Nord-Africain, l'un des quelque huit cent mille Algériens installés en France, comme le sont aussi environ deux cent mille Marocains et un peu plus de cent mille Tunisiens. Ce crime parmi d'autres, naturellement condamnable, a provoqué une certaine émotion dans la population marseillaise (...) Ce qui n'est pas normal, en revanche, ce qui est indigne, c'est que la vague de xénophobie qui a déferlé sur Marseille à la suite du drame ait été orchestrée et exploitée à fond par les porte-parole des formations politiques dont on eût espéré qu'ils s'emploieraient au contraire à apaiser leurs compatriotes. » Est-ce différent aujourd'hui ?

Quand les beaufs tirent sur les Beurs

Des attentats et des meurtres racistes, il y en a eu bien d'autres depuis dix ans. Et ces dernières années, ils se multiplient à une cadence accélérée, comme si les discours politiques d'une partie de la droite trouvaient là un prolongement naturel.

Ainsi, l'affaire de la mosquée de Romans. Dans la nuit du 2 au 3 mai 1982, un lieu de rencontre associatif en cours de construction dans le quartier de la Monnaie à Romans, où vit une communauté musulmane importante, a été détruit par un attentat à l'explosif. Cet attentat eut lieu quelques semaines après la campagne des élections cantonales pendant laquelle cet édifice – qui devait servir également de mosquée – avait fait l'objet de vives discussions. Trouvant dans l'aide municipale accordée à cette construction son cheval de bataille, le candidat RPR écrivait dans le journal local : « garantir la liberté et la sécurité des citoyens par un poste de sécurité est dans l'immédiat plus important que de garantir la liberté du culte par une mosquée », ou encore « les ayatollahs ne sont pas seulement à Valence. Il y en a aussi à Romans. Est-ce la raison pour laquelle la mosquée sera construite? ». Le maire de Romans, Georges Fillioud, candidat aux élections, fut battu. Pendant la proclamation des résultats, un slogan fusa dans la salle : « Fillioud à la mosquée! » Arrêtés en octobre 1983, les auteurs de l'attentat appartiennent à l'extrême droite locale.

Ainsi, à Ajaccio : à la suite d'un conflit avec son patron boulanger, un ouvrier algérien blessa celui-ci. Le lendemain, le 20 mai 1982, *Nice-Matin* commentait ce fait divers banal de la manière suivante : « Il faut simplement épurer la rue Fesch. » Presque immédiatement, un attentat était commis dans la vieille et célèbre rue d'Ajaccio où vivent de nombreux Maghrébins. Trois jours plus tard, plusieurs décharges de chevrotine étaient encore tirées contre un concierge et un menuisier de la rue. Tous deux Maghrébins. En juillet et en août, une trentaine d'attentats étaient dirigés, à Ajaccio et Bastia, contre les logements, souvent insalubres, où vivent des Arabes. Puis, le consulat du Maroc et l'agence de la Compagnie royale Air Maroc étaient visés à leur tour.

Ainsi, toujours, le drame de La Cayolle, à Marseille, le 12 mars 1983. En pleine campagne municipale, alors que des slogans d'une rare violence étaient lancés par les candidats de l'opposition, une bombe a été jetée depuis une voiture sur des enfants qui jouaient dans ce quartier de cités de transit où vivent 80 % d'immigrés et de tziganes. Un enfant de onze ans a été tué, un autre grièvement blessé. Quelques jours plus tard, devant les caméras de la télévision, une habitante du quartier des Flamands, à Marseille, française d'origine algérienne mais qui se sent immigrée – « parce que ma tête, dit-elle, elle est tout le temps arabe, elle ne changera jamais » –, criait son angoisse : « A chaque vote, on est visé. On a peur. Aux Flamands, à chaque vote, il y a un immigré ou deux qui se fait descendre. On a peur pour nos enfants, on a peur pour nous [1]. »

Il n'est désormais pas de semaine sans que la presse ne fasse état de violences dirigées contre les immigrés. Celles-ci frappent particulièrement les jeunes, souvent les enfants. Ainsi, à la cité Gutenberg de Nanterre, aux Minguettes à Vénissieux, à Pontoise, à Châtenay-Malabry, à Montreuil, à Livry-Gargan, à Bron, à La Courneuve...

On avait craint que l'été 1983 ne soit « chaud » du côté des immigrés en raison d'un ramadan estival et d'une température inhabituelle. En raison aussi de la montée de la colère chez les jeunes immigrés. Il n'y a eu pourtant ni rodéos ni voitures incendiées. Mais des jeunes immigrés, tués ou blessés par de « bons Français » : Kamel Lettad,

1. « Le Nouveau vendredi », FR3, 15 avril 1983.

dix-sept ans, grièvement atteint au ventre à coups de serpette par un commando de trois membres, le 28 juin; Toufik Ouannès, neuf ans, assassiné le 4 juillet à la cité des « 4 000 » de La Courneuve; Kamel, quinze ans, blessé, également en juillet, de deux balles de 9 mm tirées par un inconnu opérant d'une fenêtre d'une cité HLM de Tourcoing; Salim Grisse, dix-huit ans, abattu le 18 août au cours d'une " ratonnade " à Aix-en-Provence; Zineb Sadi, trente ans, grièvement blessée par trois balles le 12 août, alors qu'elle se trouvait sur une passerelle de la gare de Drancy; Lhachmi Bouned, cinquante-cinq ans, tué à coups de barre de fer à Bastia, etc.

Une association de jeunes Maghrébins a dressé la comptabilité macabre des attentats perpétrés contre les leurs et dont la presse a rendu compte [1] : 9 assassinats en 1982, dont celui d'Abdenbi Ghemiah, dix-neuf ans, tué à Nanterre. Plus de 35 assassinats ou tentatives d'assassinat entre le 1er janvier et le 1er septembre 1983.

Voilà les faits. Non, les immigrés ne volent pas le pain des Français. Ils ont contribué, dans le passé, à leur enrichissement, ils contribuent aujourd'hui à maintenir leur niveau de vie.

Non, les immigrés ne coûtent pas plus cher aux budgets sociaux que les Français. Au contraire, ils les alimentent par leurs cotisations plus qu'ils ne bénéficient de leurs prestations.

Non, enfin, les immigrés ne sont pas, dans leur ensemble, des criminels, des délinquants. Il faut le dire et le redire, même si aucune démonstration n'a de poids contre l'irrationnel. Même – et surtout – si, face aux contre-vérités qu'avance une droite prête à user de tous les

1. Liste dressée par le service Information de Radio-Beurs.

arguments pour reconquérir le pouvoir, les explications, les réponses aux préjugés demeurent faibles, timides, pour ne pas dire inexistantes. Tout se passe comme si la gauche et ceux qui refusent le racisme espéraient qu'avec le temps ces difficultés se règleraient d'elles-mêmes. Comme s'il s'agissait d'un « mauvais moment » à passer dans l'évolution de la société française.

Or, l'immigration de cette seconde moitié du XXe siècle ne ressemble pas à celle de la première moitié. Elle vient de plus loin, géographiquement et culturellement. Le chemin sera long avant qu'elle ne s'insère, jusqu'à se fondre dans la population française, comme l'ont fait les vagues précédentes.

L'intérêt du pays, le développement de son économie, sa compétitivité économique, le maintien de sa vitalité commandent que l'on choisisse le progrès plutôt que le rejet. La révolution technologique sans précédent qui se prépare, qui est même déjà bien engagée, entraînera forcément un nouveau partage du travail et de ses fruits. Si elle veut gagner cette partie, la France ne peut se permettre la division, l'exclusion d'une partie de sa population, dont les immigrés sont devenus une composante nécessaire. Encore faut-il que les communautés parviennent à mieux vivre ensemble. Et qu'on les aide à le faire.

CHAPITRE IV

« On voit bien que vous ne vivez pas avec eux »

Dénoncer les idées reçues, démontrer qu'elles n'ont aucun fondement ne résout pas le problème de la coexistence entre communautés. L'urbanisme, l'éducation, l'entrée des jeunes dans la vie économique et sociale se trouvent au cœur des incompréhensions, voire des conflits, qui opposent familles françaises et familles étrangères.

Les élections municipales de 1983 ont servi de détonateur, parce que la ville est la scène où tout se joue. C'est sur le territoire de la commune, là où résident côte à côte Français et non-Français, que se développent les tensions les plus fortes, l'exaspération réciproque. La sédentarisation des immigrés s'est traduite par la présence de plus en plus visible, dans les immeubles, dans les écoles, dans les rues et les magasins, de familles qui ne parlent pas la même langue, qui affichent des comportements, des modes de vie insolites. Or, l'établissement de ces étrangers s'est réalisé de façon sauvage, sans que les Français qui demeuraient là aient été préparés à les accueillir, à les accepter; sans que la ville et les quartiers aient été conçus pour assurer une cohabitation sans heurt. Circonstance aggravante : l'installation des immigrés s'est produite à un moment où les derniers transfuges des campagnes françaises achevaient à peine leur intégration dans le monde urbain. Celle-ci ne s'était d'ailleurs pas faite sans mal. Aussi, l'arrivée de familles provenant du Sud de la Méditerranée, ignorantes ou rebelles quant aux règles d'une vie collective « à la française », a-t-elle perturbé le fragile équilibre qui commençait à s'instaurer.

Les difficultés de cohabitation ne se présentent pas partout de la même façon ni avec la même acuité. La répartition des étrangers varie en effet d'une partie à l'autre du territoire. Dans certaines régions peu industrialisées, les immigrés sont presque absents : Poitou-Charente, Basse-Normandie, Pays de Loire ou Bretagne. En revanche, dans certaines régions, leur proportion dépasse 20 % de la population : Ile-de-France, Nord-Pas-de-Calais, Rhône-Alpes. Les régions d'immigration traditionnelles et les zones urbaines ne sont pas seules à connaître de fortes concentrations d'immigrés. A Fumel, dans la vallée du Lot, sur 7 000 habitants, 1 200 sont des étrangers; à Outtarville, petit chef-lieu de canton de l'arrondissement de Pithiviers en pleine Beauce, 330 habitants sur 841, soit 40 % de la population, sont des immigrés. Il a suffi dans l'un et l'autre cas qu'une entreprise fasse venir de la main-d'œuvre allogène pour que la structure de la population se transforme du tout au tout. A Saint-Florentin dans l'Yonne, la construction du TGV a notamment fixé les ouvriers qui travaillaient sur le chantier : ils représentent aujourd'hui 45 % de la population de cette petite ville que rien ne préparait à une telle mutation. Dans ces communes, grandes ou petites, la présence de populations profondément différentes de la population autochtone ne va pas, c'est évident, sans traumatismes.

Partout, le logement, l'école, l'inoccupation des jeunes constituent des abcès de fixation. Les difficultés qui en résultent sont en partie le reflet de la crise économique, et sans reprise de la croissance on ne peut espérer les voir s'atténuer rapidement. Mais on ne saurait tabler pour autant sur la disparition « naturelle » de ces pommes de discorde sociale : l'irritation, l'intolérance, les risques d'explosion ne s'évanouiront pas d'eux-mêmes. Voilà l'enjeu de la prochaine décennie : si dans ces trois domaines que sont le logement, l'école et l'emploi des jeunes des priorités ne sont pas affirmées et des politiques mises en place, la question des immigrés constituera une menace pour la paix civile pendant plusieurs générations.

Logement : le prix de l'imprévoyance

« On voit bien que vous ne vivez pas avec eux. » Ce cri du cœur est celui des nombreuses familles qui trouvent que la cohabitation entre membres de communautés hétérogènes est devenue impossible.

« Il est facile de discuter des immigrés en toute sérénité, lorsqu'on ne vit pas à leur contact. Les journalistes qui donnent des leçons gagneraient à venir vivre dans l'HLM que j'habite avec mon mari et mes trois enfants depuis bientôt vingt ans », écrit une lectrice de la région lyonnaise au journal *le Point* [1]. Son irritation née du contact quotidien avec les immigrés se traduit en termes simples : la vie est devenue insupportable; ceux qui théorisent, parlent à l'aise : ils ne savent pas quelles nuisances entraînent sur le palier, dans la cage d'escalier, à travers

1. *Le Point*, 21 mars 1983.

les murs, la présence de familles maghrébines nombreuses, bruyantes, inassimilées.

L'absence de politique de l'immigration depuis 1945 s'est accompagnée d'une absence aussi criante de politique du logement concernant les immigrés et leurs familles. Lorsque, dans les années soixante, sous le coup de l'émotion suscitée par le drame des bidonvilles, les pouvoirs publics ont tenté de « faire quelque chose », ils ont agi dans la seule optique du relogement. Jamais, ils ne se sont souciés de l'accueil et de l'insertion.

C'est le prix de cette imprévoyance qu'une partie de la population française paie aujourd'hui. Son malaise résulte directement d'un double processus : la concentration des populations étrangères et la dégradation de l'habitat.

La concentration des immigrés dans certaines villes et dans certains quartiers ne s'est pas faite seulement, comme on le croit souvent, parce que ces villes et ces quartiers comptaient, dans leur « parc d'habitations », de nombreux logements sociaux. Certes, la cité Gutenberg à Nanterre, les « 4 000 » à La Courneuve, les Minguettes à Vénissieux n'abritent pratiquement que des immigrés. Mais d'autres quartiers peuvent être occupés par une très forte proportion d'étrangers sans que ceux-ci soient pour autant installés dans des logements sociaux.

Par rapport aux Français, les immigrés présentent des caractéristiques particulières quant à leur type d'habitat. 21 % d'entre eux (contre 4 % de Français) continuent d'occuper ces logements précaires et souvent insalubres que sont les garnis ou les meublés [1]. Environ 83 % sont locataires, alors qu'un ménage français sur deux en est propriétaire. Ces chiffres indiquent un niveau de revenus

1. Enquête sur le logement réalisée par l'INSEE, 1978.

relativement faible et une attitude encore tournée vers le retour : accéder à la propriété revient à faire un choix de longue durée, à s'installer. 40 % de ces immigrés locataires habitent un logement appartenant au parc privé et seulement 22 % demeurent dans les HLM publiques. Au total, les étrangers représentent 10 % de la population logée en HLM. On les trouve surtout à la périphérie des centres industriels.

Le type d'habitat occupé par les immigrés fait apparaître une grande diversité de situation selon la nationalité : « L'immigration européenne a dans l'ensemble été employée dans des activités industrielles permettant une certaine fixité géographique et une mobilité ascendante au niveau de la qualification, ce qui a facilité son intégration au monde ouvrier ainsi qu'au mode de logement ouvrier. L'immigration maghrébine et africaine a été et est toujours plus représentée dans des tâches de production industrielle plus limitées dans le temps et impliquant une certaine mobilité géographique, ce qui fait qu'elle est restée (...) marginale par rapport au mode de vie ouvrier et à son mode de logement [1]. »

C'est ainsi que 20 % des Italiens sont propriétaires de leur appartement ou de leur pavillon – leur comportement est encore loin de s'aligner sur celui des Français –, alors que 7,5 % seulement des Maghrébins ont accédé à la propriété. Ces derniers représentent en revanche 36 % des étrangers vivant en HLM.

Quel que soit le type d'habitat, la concentration reste la règle. Le mécanisme qui l'a suscitée se retrouve partout. On le voit dans les centres anciens, les vieux quartiers populaires des grandes villes où les appartements soumis à

1. J. Barou, *Journées d'études de l'OMINOR*, Lille, mai 1982.

la loi de 1948 ont été laissés à l'abandon par leurs propriétaires en raison du blocage des loyers. Leurs habitants d'autrefois les ayant progresssivement quittés pour un habitat plus décent, les immigrés à la recherche de logements bon marché les ont investis. Le quartier de la Goutte d'Or à Paris, celui de la Porte d'Aix à Marseille sont l'illustration extrême de ce phénomène : ils sont devenus des quartiers où vivent presque exclusivement des étrangers. Ces « ghettos » sont rarement des lieux d'affrontement entre communautés. Mais parce qu'ils se trouvent au centre du tissu urbain, les autres habitants de la ville les désignent comme des quartiers peu sûrs, peu recommandables. Déjà surpeuplés, ils attirent de surcroît une population en transit : des immigrés qui arrivent en France savent qu'ils trouveront là un hôtel de fortune et des concitoyens prêts à les aider à trouver un travail, à se procurer des papiers. Ce va-et-vient nourrit tout un trafic qui, bien sûr, intéresse la police.

A la périphérie des villes, c'est, de la même manière, le départ des Français qui explique l'arrivée des étrangers, et non pas l'inverse. Les Français partent parce qu'ils peuvent désormais s'offrir un loyer plus élevé ou parce qu'ils ont acheté un logement d'un standing supérieur. Les immigrés encore mal logés les remplacent dans les appartements vides. Cela accélère souvent le départ d'autres Français, et par conséquent l'arrivée de nouveaux immigrés. Ce mouvement de concentration se fait toujours dans les cités les moins valorisées du parc locatif, là où les loyers sont les plus bas. Il s'accompagne d'un processus de dégradation, qui a d'ailleurs souvent commencé avant l'arrivée des étrangers et qui s'amplifie ensuite.

La crise des grands ensembles que nous connaissons depuis quelques années est due à l'obsolescence rapide des quartiers construits après la Seconde Guerre mondiale sous la pression de l'urbanisation. Occupées d'abord par des cadres moyens, des ouvriers qualifiés, ces cités se sont depuis de longues années prolétarisées. Lorsque les immigrés ont commencé d'y accéder [1], ce sont des familles nombreuses, prioritaires, qui y ont été installées. Cette sur-occupation des logements, et, chez les immigrés, une autre manière de concevoir l'utilisation des parties communes et des espaces extérieurs ont accéléré la dégradation d'ensembles qui, dès le départ, n'étaient pas faits pour bien vieillir.

Derrière les barres, les tours

Le cas de Dreux est à cet égard exemplaire. Il illustre comment des erreurs urbanistiques et économiques peuvent en une vingtaine d'années déboucher sur une situation si catastrophique qu'il faudra des décennies pour la redresser. Au prix d'une volonté politique farouche et d'importants moyens financiers.

Entre 1950 et 1975, la population de la ville a presque triplé, dans l'euphorie. La décentralisation des années cinquante avait amené sur place des entreprises de montage affiliées à des grands groupes dont les sièges sociaux restaient à Paris, à Billancourt ou à Eindhoven. Sans qu'on en prenne la mesure à l'époque, et sans qu'on en discerne les conséquences socio-économiques à venir, il

1. Notamment après la création en 1975 de la part patronale au logement des travailleurs migrants instaurant un système de réservation d'appartements pour les étrangers.

s'agissait moins de décentralisation que de déconcentration. Dreux n'était alors qu'une grosse bourgade, marquée par son passé rural où de petites entreprises industrielles employaient une main-d'œuvre qualifiée. Les nouvelles usines n'ont pas trouvé sur place les ouvriers spécialisés dont elles avaient besoin. Elles ont d'abord fait venir des Bretons, des Normands et contribué à épuiser les dernières ressources humaines de l'exode rural. Mais très rapidement, elles sont allées recruter au-delà de la Méditerranée. Pour loger tous ces « accourus », comme on les appelait avec mépris ou inquiétude, il a fallu construire des logements, et vite! Pour les Français, des immeubles en parpaing brut, parfois sans chauffage, toujours sans isolation. Pour les étrangers, des foyers patronaux ou de la Sonacotra. Le « boom » du bâtiment a lui-même provoqué l'arrivée d'une main-d'œuvre immigrée : maçons et manœuvres italiens, portugais, espagnols, ou même turcs dès le début des années soixante. Une partie de la population ne voyait pas d'un très bon œil cet essor rapide : les petits patrons qui craignaient de perdre leur personnel attiré vers la « grande entreprise », la petite bourgeoisie encore mal logée qui trouvait scandaleux qu'on offre à des ouvriers bretons des appartements avec salle de bains, alors qu'eux-mêmes n'en avaient pas toujours. Mais dans l'ensemble cependant la ville y trouvait son compte : elle grandissait et rayonnait de son dynamisme. Les commerçants n'avaient pas à se plaindre.

Pendant cette période, pour beaucoup de familles françaises, les HLM ont été une étape. Elles leur permettaient de rassembler leurs économies avant de se faire construire un pavillon. Au même moment, et sans que personne ne s'en inquiète, le regroupement familial des immigrés se dessinait. Les familles d'origine étrangère ont commencé à s'installer dans les cités les plus délaissées parce que atteintes, déjà, par un vieillissement précoce. Cela provoquait bien sûr quelques frictions entre les nouveaux locataires et les anciens, mais ces derniers attendaient tous le moment de partir pour s'installer définitivement ailleurs : il s'agissait donc de prendre son mal en patience.

La ville a continué de grandir. La place ne manquait pas, et les terrains étaient moins chers que dans la proche banlieue parisienne. Des compagnies d'assurances ont pris le relais de l'Office HLM et construit des tours derrière les barres, sûres de la rentabilité de leur investissement. Les usines automobiles cherchaient des logements pour leurs ouvriers. Elles cherchaient également un habitat regroupé pour mieux organiser leur ramassage toutes les huit heures. Flins et Poissy ne sont qu'à une heure de Dreux. Aujourd'hui, dans les tours du quartier des Chamards, on compte près de 60 % d'immigrés, Marocains et Turcs en majorité, qui travaillent à Poissy. Depuis quelques années, l'effet de l'arrêt de l'immigration se fait sentir. Les logements abandonnés ne sont plus réoccupés. Les Français n'ont pas envie d'y vivre. On mure donc les tours les unes après les autres. La cité n'est plus entretenue car les gestionnaires reculent devant le poids des travaux à réaliser.

Le logement social, public ou privé, n'a pas été le seul à accueillir les étrangers. A l'autre extrémité de la ville, des promoteurs ont construit, voici une vingtaine d'années, une « résidence » en accession à la propriété. Loin des HLM. Il s'agissait, selon le vœu de la municipalité de l'époque, d'offrir aux cadres moyens et aux employés des logements d'apparence convenable, mais d'un prix abordable grâce à une forte densité. L'opération a bien marché. Des professeurs, des agents techniques, des employés ont réalisé leur rêve et acheté leur appartement; des commerçants et des agriculteurs de la région ont investi dans la pierre, espérant faire un placement fructueux. Aujourd'hui, ils le regrettent amèrement. Cette résidence n'a constitué, elle aussi, qu'une étape pour la petite bourgeoisie qui l'occupait. Depuis, des immeubles mieux situés, mieux conçus ont été bâtis. Les premiers occupants de la « résidence » s'y sont transportés. Dans celle-ci, le nombre des locataires a bientôt égalé celui des propriétaires-occupants. La concurrence aidant – on a beaucoup construit dans ces années-là –, les loyers ont baissé, au moins relativement. Des immigrés ont alors commencé à débarquer. Les agriculteurs et les commerçants qui avaient cru faire une bonne affaire ont eu, depuis, des raisons objectives de se plaindre : l'appartement dont ils veulent se débarrasser ne se vend pas. Les acquéreurs reculent, malgré des prix bradés, parce qu'ils rencontrent des Turcs dans l'escalier. Les propriétaires se résignent donc à continuer de les louer, même à des immigrés. D'ailleurs, c'est un moindre mal : les étrangers sont rarement mauvais payeurs. A la différence de nombreux Français, ils redoutent l'expulsion.

La concentration des immigrés est donc un phénomène cumulatif. Il accentue la dégradation des murs, des parties communes, des abords immédiats. C'est dans ce contexte qu'éclatent les disputes entre familles, entre communautés. Le bruit, et notamment celui de musiques orientales, sert de détonateur. L'absence de propreté des cages d'escaliers est très vite imputée à ces voisins dont on ne comprend pas la langue. Les enfants alimentent les querelles de voisinage et cristallisent les accès de révolte : ces gamins, nombreux, vivent dehors – comment pourraient-ils d'ailleurs tenir tous et tout le temps dans l'appartement? –, leur exubérance paraît impossible à contenir. Il est d'ailleurs difficile d'expliquer aux parents d'origine méditerranéenne et rurale que les enfants ne devraient pas traîner dans les escaliers ni sur ce qui reste de pelouse : l'extérieur est pour eux le domaine naturel des jeunes. Ceux-ci sont considérés par les voisins parfois à tort et souvent avec raison comme responsables des petites déprédations dont les boîtes aux lettres ou les portes de cave porteront longtemps les traces. Ces enfants grandissent aux prises avec des adultes français qu'ils irritent, qu'ils excèdent. Ils n'en deviennent que plus vindicatifs et rebelles contre l'ordre qu'on veut leur imposer. Une fois sortis de l'école, ils « rouillent » au pied des immeubles dans l'attente d'une occupation, d'une provocation, d'un « coup » qui leur fera passer le temps et leur procurera un peu d'argent. L'interpellation, la garde à vue, quelques semaines de prison font partie des rites de passage d'une jeunesse qui se regroupe en bandes. Le premier pas dans l'engrenage judiciaire se franchit ainsi.

Quand s'ajoute à ces détestables conditions de voisinage l'indignation des Français, des Espagnols ou des Portugais au vu des moutons à qui l'on fait prendre l'ascenseur pour les sacrifices de l'aïd, la tension, de part et d'autre, peut atteindre des sommets. « J'ai l'impression de devenir moi-même une immigrée dans mon propre pays. Mes moyens ne me permettent pas encore de fuir cette cité. Je crois être quelqu'un de calme et de tolérant, mais ma vie est devenue un enfer. Moi non plus je ne suis pas " intégrée " », poursuivait la lectrice du *Point*, citée plus haut.

Ce témoignage permet de comprendre la situation que connaissent les familles françaises depuis les années de crise. Cette femme veut quitter la cité où elle vit. Elle ne le peut pas, pour des raisons financières. L'une des conséquences de la récession est en effet d'avoir bloqué l'ascension sociale et immobilière d'une partie de la classe ouvrière française, alors que, pendant vingt ans, entre 1955 et 1975, la mobilité vers le haut a été presque générale. Cette mobilité s'était d'abord traduite par l'accession à la propriété. On a cru qu'elle serait possible pour tous. Cette famille, comme tant d'autres, ressent aujourd'hui d'autant plus difficilement la cohabitation avec les immigrés qu'elle a le sentiment d'être désormais assignée à résidence et peut-être déclassée pour toujours. Dévalorisée par la proximité de ménages plus pauvres qu'elle, elle se révolte. Le divorce psychologique entre les deux types de locataires est complet.

Regroupement ou dispersion?

Face à une telle détérioration du climat quotidien, les réponses politiques demeurent ambiguës et incertaines. Seul le maire de Nice a tranché : il ne s'est pas contenté de prôner le développement séparé, il l'a organisé. Dès 1976, pour « assainir » sa ville, il a fait construire en rase campagne une cité pudiquement qualifiée de « transitoire ». Dans ces bâtiments, style CES Pailleron, il a relégué près de 2 000 Maghrébins. Il a récemment décidé de récidiver, et annoncé la création, hors de Nice toujours, d'un village arabe avec son souk et sa mosquée. Cette proposition a suscité au sein même de son conseil municipal des réactions telles que le dossier semble pour le moment au point mort.

Pourtant l'idée, ailleurs, fait son chemin. On entend de plus en plus d'élus préconiser le regroupement qui éviterait, estime-t-on, ces conflits raciaux ou culturels qui dérangent la vie municipale. M. Chirac lui-même, en juillet 1983, a salué la politique menée par son collègue de la Côte d'Azur, admettant toutefois qu'il paraissait irréaliste de l'appliquer à Paris où il faudrait bâtir dix villes nouvelles de 50 000 habitants pour loger les immigrés... MM. Chirac et Médecin ont trouvé un supporter de leurs thèses séparatistes en la personne de Hedi Mabrouk, ambassadeur de Tunisie en France, qui, en écho à la conférence de presse du maire de Paris, a affirmé que si ses concitoyens « en avaient la possibilité, neuf sur dix désireraient se regrouper pour vivre entre eux »! Voilà une déclaration qui traduit bien le désir de certains gouvernements étrangers de mieux contrôler, sur le territoire français, les activités de leurs ressortissants. Les intéressés sont loin de partager le même point de vue. Ainsi Habib, immigré niçois, qui considère que « la construction du ghetto de la plaine du Var n'a eu pour fonction que de nettoyer les trottoirs de M. Médecin [1] ».

Devant l'exemple de Nice, peut-être parce qu'ils n'en connaissent pas tous les effets, nombres d'élus s'interrogent : quelle solution choisir? Adopter une politique de regroupements par nationalité qui favoriseraient les relations et permettraient l'expression culturelle? Ou préférer la dispersion qui évite des concentrations explosives? Poser le problème en ces termes, c'est théoriser ce qui n'est pas théorisable. Et proposer deux solutions également mauvaises, alors qu'il en existe une troisième.

1. Cité par *Le Matin*, 16 juillet 1983.

L'idée d'un regroupement par nationalité ou « ethnie » est née simultanément dans des milieux intellectuels politiquement opposés. A droite, on estime que le fait de permettre à des familles de même origine de vivre ensemble évite qu'elles ne soient « contaminées » par les valeurs occidentales. Ce regroupement aiderait les immigrés à maintenir, sinon leurs racines, du moins leur expression culturelle traditionnelle. Implicitement, cependant, il s'agit d'une mise à l'écart des étrangers. A gauche, dans un même esprit « culturaliste », mais qui obéit à des motivations différentes, on pense que les immigrés ont un droit imprescriptible à protéger leur originalité. Comment pourrait-on défendre les langues et les cultures bretonnes ou occitanes et ne pas veiller au respect de l'identité des Portugais ou des Marocains?

Ces idées, qui se rejoignent, ont la particularité de constituer une hypothèse d'école, pas une proposition réaliste. Pour leur mise en œuvre, il faudrait organiser la déportation des familles d'une cité à l'autre, voire d'une ville à l'autre, afin de loger ensemble Turcs, Marocains, Espagnols, Portugais... Alors qu'actuellement ces populations se mélangent entre elles, ainsi qu'avec des Français, dans les quartiers ouvriers. Surtout, on voit mal comment un tel mouvement pourrait s'effectuer sans tenir compte de la volonté des intéressés qui n'ont pas forcément envie de déménager ni de vivre avec les familles de même origine. La rigidité du parc locatif, pauvre en grands logements, constitue d'ailleurs un obstacle supplémentaire. Sans compter que ces concentrations finiraient par constituer des foyers d'agitation : l'exclusion sociale et culturelle conduit tout droit au désordre, voire aux convulsions collectives.

Vouloir regrouper les étrangers, c'est refuser de

comprendre que leur intégration suit malgré tout son chemin depuis de nombreuses années déjà. Vouloir les faire vivre à part, les couper de la population française, c'est parier sur le caractère transitoire de leur séjour en France, alors que leur présence n'a plus rien de provisoire.

Faut-il pour autant chercher à casser les concentrations qui se sont faites au fil du temps? Faut-il systématiquement disperser les émigrés, de telle sorte que leur nombre, par rapport à celui des familles françaises voisines, ne dépasse dans aucune commune, dans aucun quartier, un « seuil » acceptable?

Le seuil de l'intolérance

Nombreux sont les maires qui réclament que soit stabilisé ou même diminué le nombre des immigrés dans leur ville. Ce sont d'ailleurs souvent des maires de gauche qui agissent ainsi, pour la simple et bonne raison que les villes ouvrières offrent le plus de logements sociaux. Parce qu'elles accueillent déjà un nombre élevé d'immigrés, ces municipalités estiment que ce qu'on nomme le « seuil de tolérance » est dépassé ou en voie de l'être. En disant « c'est assez » ou « c'est trop », ces élus décrètent que, au-delà d'un certain pourcentage de population étrangère dans une ville ou dans un quartier donné, la présence des immigrés devient odieuse, qu'elle n'est plus acceptée et donc qu'elle n'est plus acceptable.

Avant de se prononcer sur les avantages et les inconvénients de la dispersion des étrangers, il convient de s'interroger sur la réalité de cette notion de seuil de tolérance. S'agit-il d'une donnée suffisamment fiable pour que l'on fonde, sur elle, une politique de dispersion des immigrés? Ce seuil existe-t-il vraiment? Et à quel niveau se situe-t-il?

Pour expliquer la renaissance du racisme, on dit souvent que le seuil de tolérance des étrangers a été, ici et là, franchi. Et les hommes politiques ou les journalistes d'ajouter : « comme disent les sociologues ». Cette précision laisse à penser qu'il ne s'agit pas d'idéologie mais d'évidence scientifique, reconnue, pure de toute intention malveillante. Et qu'à ce titre, elle ne saurait être considérée comme suspecte. Que la rigueur mathématique prêtée aux sociologues (élevés pour l'occasion au rang de serviteurs d'une science « exacte ») soit en réalité une approximation sujette à des variantes, voilà un fait qui échappe à beaucoup. On a affirmé que la barre se situait à 10 % et, qu'au-delà, le corps social réagissait par le rejet. Or, on constate un peu partout en France, que ce seuil fatidique de 10 % peut être largement dépassé sans que naissent nécessairement des troubles.

Que disent exactement les sociologues? Ceux pour qui les immigrés et la cohabitation entre populations constituent un objet d'études auraient plutôt tendance, aujourd'hui, à combattre violemment cette notion de seuil de tolérance dont on attribue la paternité à leur corporation. L'idée même d'un seuil et le chiffre de 10 % qu'on avance à tort et à travers viennent tout droit des travaux de l'école de sociologie de Chicago où, dès les années vingt, des chercheurs ont tenté d'analyser le phénomène de constitution et de pérennisation des ghettos noirs. Ce sont, semble-t-il, les travaux de Otis D. Duncan et de Karl E. Taeuber qui ont avancé la notion de *tipping point*, un

« point critique » à partir duquel la population noire devient, aux États-Unis, très vite numériquement dominante dans un quartier. En dessous de 10 % de Noirs, il y a coexistence durable entre Noirs et Blancs. Au-delà, les populations blanches disparaissent, et une concentration cumulative de Noirs s'opère rapidement. Les auteurs se gardent bien d'imputer à la seule couleur de la peau ce processus de concentration. Lorsque des quartiers deviennent noirs, c'est surtout parce que leur composition sociale évolue. Et si d'autres quartiers « résistent » à la pénétration des Noirs, c'est sous l'effet d'un racisme que l'on pourrait dire de classe : à partir d'une certaine proportion de Noirs (environ 10 %), les Blancs refusent de leur louer ou de leur vendre des maisons. Ou bien, ils font en sorte que ces derniers ne puissent accéder financièrement aux propriétés du quartier.

Le *tipping point*, on le voit, n'est pas celui à partir duquel se produit un phénomène de rejet, mais celui au-delà duquel la concentration de populations pauvres s'accélère. Voici comment un journaliste français – et il n'est pas le seul – a contribué à populariser une interprétation erronée des études de l'école de Chicago. Sous le titre « Quand le seuil de tolérance est dépassé », Pierre Dumais écrivait, il y a plus de dix ans, dans *l'Aurore* : « Les ingénieurs atomistes ont leur masse critique : c'est la quantité de matière fissible qui, une fois réunie, explose spontanément en champignon atomique. Pour ne pas manier une science exacte, les sociologues qui ont étudié les prémices du racisme et ses manifestations larvées ou explosives ont défini quelque chose de semblable, et peut-être de tout aussi redoutable. Ils l'ont baptisé " seuil de tolérance ". Lorsque, dans une cité ouvrière, un village paysan, un quartier urbain ou une ville, plus de 10 à 12 %

d'étrangers s'installent pour y vivre, la cité, le village ou le quartier devient baril de poudre. Il suffit d'une étincelle. Lorsque le seuil est atteint, disent les sociologues, une invective jaillit donnant le départ à une escalade de violence [1]... » Ainsi peut être propagée, sans doute en toute bonne foi, une idée fausse de première grandeur. Non seulement les sociologues inventeurs du *tipping point* n'ont jamais rien dit qui ressemble à ce qu'écrit ce journaliste, mais ils seraient sans doute horrifiés de voir à quelles interprétations fantaisistes ont conduit leurs travaux.

Une autre sociologue, étudiant, elle, la réalité française, a raison de souligner l'effet pervers de ce qui n'est qu'une croyance, et pas une donnée scientifique. Véronique de Rudder-Paurd écrit : « L'aspect le plus curieux, peut-être, du succès rencontré par cette notion, en particulier chez ce qu'il est convenu d'appeler les " gens de terrain " (travailleurs sociaux, administrateurs de logements sociaux, personnels des collectivités locales...), est qu'elle semble s'appuyer sur une évidence empirique chaque jour confortée par l'expérience. L'évidence est ailleurs et se réduit en fait à une tautologie que l'on peut résumer ainsi : " c'est là où se trouvent ensemble des immigrés et des Français que les heurts apparaissent entre eux ". Il semble que, au contraire, ce soit le " seuil de tolérance " qui – agissant comme pré-notion – filtre et oriente l'interprétation de l'expérience quotidienne. Le seuil de tolérance fonctionne comme une théorie interprétative basée sur l'existence indubitable d'une corrélation sociale, elle-même tirée d'une supposée corrélation statistique entre densité ou taux d'étrangers et problèmes inter-ethniques. Cet édifice ne repose sur aucune base logique. D'abord

1. *L'Aurore*, 28 juillet 1973.

parce que la corrélation statistique n'est pas établie. Ensuite parce que, quand bien même elle le serait, on ne pourrait ni en déduire *ipso facto* qu'elle constitue une corrélation sociale réelle, ni *a fortiori* fonder sur elle une théorie explicative. Introuvable, le " seuil de tolérance aux étrangers " reste une idée reçue. C'est dès lors vers son usage social que doivent se tourner les interrogations [1]. »

Neuilly, Aulnay, deux poids deux mesures

C'est en effet sur le terrain social et par conséquent politique que le seuil de tolérance est utilisé sans vergogne pour désigner un « bouc émissaire ». Pourquoi chercherait-on d'autres causes aux difficultés bien réelles des populations concernées puisqu'il en existe une, toute trouvée : la présence « excessive » d'immigrés? Alors que toutes sortes d'autres facteurs sont responsables du mal-vivre dans les cités : pauvreté des habitants, vétusté des locaux, délabrement de l'environnement, niveau socio-culturel faible, etc., on ne s'étonne jamais que le problème des « immigrés » ne se pose pas à Neuilly-sur-Seine, alors qu'il se pose à Aulnay-sous-Bois où, pourtant, les étrangers sont moins nombreux. Curieux, non?

Des hommes de gauche – mais ils ne sont pas les seuls – s'y sont laissé prendre. Ils réclament que d'autres communes que la leur supportent une part du « fardeau »; qu'un savant « saupoudrage » envoie les immigrés là où il n'y en

1. Véronique de Rudder-Paurd, « La tolérance s'arrête au seuil », in *Les Jeunes Immigrés*, CFRES, Vaucresson, 1981.

a pas; que d'autres municipalités acceptent d'accueillir le surplus de population étrangère qu'ils refusent de voir s'installer chez eux. Pensent-ils vraiment que c'est parce qu'ils ont dans leurs quartiers des immigrés que tant de problèmes se posent? N'ont-ils pas constaté que l'intolérance pouvait se manifester dans un immeuble mal insonorisé du fait de la présence d'une seule famille qui ne respecte pas le sommeil et la tranquillité de ses voisins? Et comment expliquent-ils que certaines cités qui comptent plus de 50 % d'immigrés puissent vivre sans drames?

A supposer qu'on veuille tout de même disperser systématiquement les immigrés, la résistance immédiate des élus, de quelque bord qu'ils soient, est donc à prévoir. Pas une commune aujourd'hui n'acceptera sans contrainte l'installation de nouvelles familles étrangères, même s'il y en a peu ou pas du tout sur son territoire; toutes considéreront comme politiquement risquée la construction de logements destinés à accueillir des familles nombreuses, sachant qu'il s'agira probablement d'étrangers.

On sait quelle énergie a dû déployer le secrétariat d'État chargé des Immigrés, en 1983, pour reloger 430 familles vivant dans huit cités de transit d'Ile-de-France. Un incendie avait ravagé un immeuble d'une de ces cités, à Colombes, faisant des morts et des blessés. Certains élus n'ont pas hésité à prendre les devants pour éviter l'arrivée de ces familles indésirables et, du même coup, montrer à leur électorat leur volonté de ne pas se laisser faire. Ainsi le député-maire de Rueil-Malmaison, Jacques Baumel, qui adressa au début de l'été 1983 une lettre à toutes les agences immobilières de la ville. Il y écrivait notamment : « J'apprends que des émissaires de l'Office public départemental des Hauts-de-Seine vont prendre contact avec vous afin de vous proposer l'acquisition de pavillons à Rueil-Malmaison, libres de tout occupant, pour y installer, en fait pour le compte du gouvernement, des familles d'immigrés maghrébins venant d'autres communes du département. Je me dois, comme maire de Rueil, d'attirer votre attention sur les inconvénients et les dangers de ces opérations et je vous demande, si de pareilles propositions vous sont faites, de ne pas y donner suite avant d'avoir pris contact personnellement avec moi (...) afin que nous prenions des décisions de nature à éviter l'installation de familles étrangères qui risquent de perturber l'équilibre et la tranquillité des quartiers de Rueil. » Le « seuil de tolérance » est ici tout simplement politique.

En vérité, le seuil auquel se heurtent les municipalités, les travailleurs sociaux et les habitants des quartiers à forte proportion d'immigrés est celui de la pauvreté. Ces cités sont presque toujours marquées par la misère et par une dégradation des bâtiments, de l'environnement et de la situation matérielle et morale de ceux qui les habitent. Les revenus y sont bas, le chômage élevé. C'est là que vivent les familles qualifiées de « lourdes » par les services sociaux, qu'elles soient immigrées ou non.

Dans un quartier, deux ou trois de ces familles suffisent à perturber la vie collective. Pour peu qu'elles soient étrangères, ce sont tous les étrangers qui seront immédiatement détestés. Pour les Français du quartier, le racisme est une réponse à la dévalorisation ressentie. Si on les oblige à vivre avec des immigrés tels que ceux-là, c'est qu'on veut les assimiler à des gens qu'ils méprisent. Leur réaction est un sursaut contre ce qu'ils considèrent être un déclassement humiliant. Pour désigner ce type de quartier, on parle d'ailleurs à tort de ghetto : « il n'en a ni l'homogénéité culturelle ni l'hétérogénéité sociale. Il ne fonctionne pas comme une micro-société. Il ne constitue même pas à proprement parler un habitat de relégation. Il n'en a pas non plus l'organisation interne ni la capacité de résistance [1] ». Dans ces creusets de désenchantement et de déception où vivent ensemble des femmes, des hommes, des enfants de nationalités différentes, de cultures éloignées, les dénominateurs communs sont – hélas – la médiocrité et la précarité des conditions de vie et de travail.

Agir vite

Alors que faire? La seule solution raisonnable qui ait été proposée pour sortir de l'impasse est née de travaux de la Commission de développement social des quartiers, dite « Commission Dubedout » du nom de son premier président. Créée en 1982 dans le cadre du plan intérimaire, ses travaux présentent l'originalité de mener de front l'expérimentation sur le terrain et la réflexion. Ainsi pendant que des fonctionnaires, des élus, des syndicalistes, des représentants des mouvements associatifs commençaient de mettre au point la coordination des moyens nécessaires au niveau national pour lutter efficacement contre la dégradation accélérée des quartiers d'habitat social, seize de ces quartiers, considérés comme particulièrement sensibles, étaient choisis pour démarrer une entreprise de « remise à niveau » physique, sociale et psychologique. Il

1. Véronique de Rudder-Paurd, « La crise de l'habitat social ou la naissance des ghettos? », in *Le Logement des immigrés en France*, Ominor, Lille, 1982.

n'est pas surprenant que tous ces quartiers comportent un taux élevé d'immigrés.

La Commission a estimé, à juste titre, que le logement n'est que le symptôme d'une multitude de problèmes. Et qu'on ne peut espérer réussir une réhabilitation du bâti sans régler aussi et simultanément tout ce qui contribue à la difficulté de vivre dans ces cités : relations ou absence de relations entre les habitants et les communautés, échec scolaire, chômage, inoccupation des jeunes, insécurité et sentiment d'angoisse qu'il engendre, absence de lieux de rencontre, de cafés, de salles où les jeunes puissent faire de la musique sans gêner les adultes, etc.

Un travail de première importance a ainsi été commencé. Les résultats qui s'en dégagent montrent qu'il s'agit là de la voie à suivre, mais également qu'elle est ambitieuse, et qu'elle sera longue. Réhabiliter coûte cher, de même que construire des équipements collectifs nécessaires à l'équilibre de ces quartiers. Mettre au travail des jeunes pour qu'ils participent à la réhabilitation de leur cité est un gage de réussite. Mais que deviendront-ils une fois le chantier terminé? Ils ne retrouveront probablement pas un emploi dans le secteur du bâtiment aujourd'hui en difficulté. En attendant, la lenteur du démarrage des travaux – pour des raisons d'ordre juridique ou financier – risque de provoquer chez ces jeunes gens, comme on l'a vu à Vénissieux, le sentiment d'avoir été trompés. Cette désillusion serait d'autant plus grave que les populations ont été étroitement associées au montage des projets. Il faudra donc une volonté politique soutenue, tant au niveau de l'État que des collectivités locales, pour que ces expériences non seulement aboutissent mais qu'elles se généralisent à l'ensemble des îlots sensibles.

M. Dubedout a lancé un cri d'alarme en 1982 : « l'alternative est claire : ou les pouvoirs publics mettent le paquet pour changer la vie des grands ensembles, ou la France risque d'être confrontée à la révolte de ces ghettos comme ce fut le cas aux USA dans les années 1960 et en Grande-Bretagne au cours de l'été 1981 [1] ». Ce discours courageux n'a pas été convaincant pour tous, et c'est bien dommage. Trop souvent, les efforts faits en matière d'urbanisme et prenant en compte les conditions de vie difficiles des immigrés sont perçus par les électeurs comme un détournement de leurs impôts! Et ils ne sont suivis d'effets que si les immigrés, partie prenante de cette transformation, modifient leurs relations avec le voisinage. C'est la seule voie qui puisse être suivie avec des chances de succès. On voit qu'elle est étroite...

La réhabilitation de ces îlots n'est qu'un des aspects de ce qu'il convient de faire. De nombreuses « cités de transit » sont encore à « résorber ». Là, il ne s'agit pas d'améliorer les logements et les conditions de cohabitation, mais de les détruire pour reloger, ailleurs, leurs habitants. Un million de familles qui vivent dans des logements insalubres devraient elles aussi déménager dans le cadre de la rénovation des centres urbains. Il faudra, pour cela, mettre à leur disposition des habitations de remplacement, sans oublier la mise en œuvre des moyens qui permettraient d'éviter leur dégradation inéluctable. La solution de l'ensemble de ces problèmes du logement suppose l'instauration d'une politique qui pour le moment n'existe pas, même à l'état embryonnaire. On doit éviter que se reproduisent les erreurs du passé, ne pas laisser jouer la seule loi du marché. Celle-ci renforcerait encore la concentration de la pauvreté. Sans une intervention de

1. *La Croix*, 24 décembre 1982.

l'État, on risque d'ailleurs d'aboutir vite à des situations de blocage : la décentralisation ne permettra plus aux grandes villes, et notamment Paris, de se décharger de leurs immigrés comme elles l'ont fait jusqu'à présent sur des communes de banlieue. Les maires, désormais maîtres de la délivrance des permis de construire, pourront s'y opposer.

Où iront donc les habitants de la Goutte d'Or après la rénovation prévue du quartier? Si l'on veut éviter la reconstitution de pôles critiques ou, ce qui serait tout aussi grave, la renaissance de bidonvilles, il faut, dès à présent, prévoir ce qui pourra leur être proposé. Négocier s'il le faut cas par cas avec les intéressés – familles à reloger, élus et populations d'accueil. Une opération délicate à mener et où l'État devra prendre ses responsabilités.

Attention, école!

Si une partie décisive se joue dans la ville, dans les quartiers, l'avenir de la jeunesse issue de l'immigration se joue, lui, dans les écoles de ces mêmes villes et de ces mêmes quartiers. Or l'école est devenue, comme le logement, un pôle de mécontentement pour les Français, en particulier pour ceux qui cohabitent avec des étrangers. L'école risque de concourir, si elle ne change pas, à creuser encore le décalage entre les enfants de différentes communautés et à aggraver les tensions entre leurs parents.

« Je fais 32 kilomètres par jour alors qu'on a une école à 200 mètres. Je ne suis pas raciste mais je ne veux pas sacrifier l'avenir de mes enfants », confie un père de famille résidant près de Fumel dans le Lot-et-Garonne. Là où il habite, 50 % de la population est immigrée, et l'école élémentaire comptait à la rentrée de 1983 près de 80 % d'enfants étrangers, maghrébins pour la plupart. Comme bien d'autres parents français du voisinage, ce père a enlevé ses enfants de cette école où il y a beaucoup d'Arabes pour les envoyer dans celle du centre de la ville où il n'y en a pas.

A Fumel, il n'existe pas de carte scolaire rendant obligatoire l'inscription des enfants dans l'école publique qui dessert leur lieu d'habitation. Aussi, ces familles françaises ont-elles pu faire entrer leurs enfants dans une autre école communale. Ailleurs, pour échapper aux contraintes de la fameuse « carte », des parents usent de leurs relations pour obtenir une dérogation. Ils envoient, s'ils le peuvent, leurs enfants dans une autre école publique de la ville qu'ils jugent meilleure parce qu'elle ne compte ni « trop » de Turcs ni « trop » d'Arabes. Ou bien ils se replient sur l'enseignement privé.

L'angoisse de la réussite scolaire s'accroît avec la crise. Or, la présence d'enfants d'immigrés est très mal vécue par les parents français qui voient en elle la cause d'une baisse de niveau des classes et d'une augmentation du risque d'échec scolaire. Il faut dire que, comme dans les immeubles, la concentration d'enfants immigrés dans certains établissements scolaires conduit inexorablement à un excès de cette concentration, d'autant plus que le nombre d'enfants est élevé dans les familles étrangères. Ce phénomène de « ghettoïsation » produit des insatisfactions de part et d'autre : les parents immigrés vivent avec amertume l'attitude de leurs voisins français, les parents français dont les enfants continuent de fréquenter l'école parce qu'ils n'ont pas d'autre choix mettent volontiers sur le compte des petits étrangers les éventuels ratages scolaires de leurs fils ou de leurs filles.

Il y avait, à la rentrée scolaire de 1983, un peu plus d'un million d'enfants de nationalité étrangère dans les établissements scolaires, soit 8,35 % des effectifs de l'enseignement public et privé obligatoire. Leur répartition reproduit la répartition géographique des immigrés dans l'hexagone et leur distribution spatiale dans les villes. Ainsi, les deux tiers des élèves étrangers sont concentrés dans huit des vingt-six académies françaises. A Paris, 40 % des enfants d'immigrés fréquentent des écoles primaires, principalement dans quatre des vingt arrondissements de la capitale. A Dreux, la proportion d'élèves non français varie de 6 % pour une école du centre ville à 72 % pour un établissement de la périphérie. Il n'est désormais pas rare de trouver, dans les écoles maternelles ou primaires de certains quartiers ouvriers, plus de 60 % et jusqu'à 80 % d'enfants étrangers de dix nationalités différentes.

A supposer qu'il soit possible aujourd'hui d'arrêter totalement l'immigration, le nombre d'enfants étrangers scolarisés et scolarisables continuera d'augmenter au moins pendant dix ans dans l'enseignement primaire. Ensuite, ces enfants se disperseront progressivement dans l'ensemble du système scolaire. Il s'agit là d'un phénomène irréversible qui tient aussi bien à la structure de la population immigrée qu'à la chute de la fécondité des Français. Les immigrés constituent une population d'adultes jeunes ayant déjà des enfants d'âge scolaire et qui en auront d'autres. Elle se compose pour l'ensemble de groupes ethniques – Maghrébins, Portugais, Turcs – dont le taux de natalité est plus élevé que celui des Français. De surcroît, le regroupement familial n'est pas encore achevé comme en témoigne le nombre important d'hommes seuls qui pourront être rejoints par une épouse et des enfants dans les prochaines années.

L'évolution de la part relative des naissances en France d'enfants de couples étrangers ne laisse planer aucun doute. Cette part était de 5,4 % en 1964, de 8,1 % en 1972, de 11,8 % en 1981. Ces chiffres indiquent que le nombre et la proportion d'enfants non français vont continuer d'augmenter dans les écoles maternelles et primaires au cours des années qui viennent, alors que les enfants français, eux, diminueront, tant en nombre absolu qu'en proportion. Ces données démographiques permettent aussi de comprendre que, s'il n'y avait en 1979-1980 que 6 % d'élèves étrangers dans l'enseignement secondaire contre 9 % dans le premier cycle, il ne s'agissait pas d'« une inégalité dans les possibilités d'accès, mais seulement du résultat des mouvements migratoires. Il faut s'attendre dans les années prochaines à un flot montant des effectifs étrangers tout au long de la succession des classes [1] ». Ces enfants, qui sont deux fois plus nombreux qu'ils n'étaient il y a dix ans dans les écoles primaires, vont bientôt accéder au collège. L'école reflète ainsi la sédentarisation des immigrés; elle enregistre les effets d'une pyramide des âges qui, pour les étrangers vivant en France, est évasée à la base.

Pour résoudre le problème scolaire qui existe aujourd'hui, ce n'est pas sur une diminution du nombre des enfants d'immigrés que l'on peut compter : il continuera d'augmenter dans l'absolu et de façon relative dans les prochaines décennies, car un enfant qui naît aujourd'hui quittera l'école au plus tôt dans seize ans.

1. Alain Girard, in Préface de Henri Bastide, « Les enfants d'immigrés et l'enseignement français », *INED, Cahier nº 97*, PUF, 1982.

Encore convient-il d'identifier les vrais problèmes que pose à l'école et à la population scolaire la présence d'enfants d'origines ethniques diverses. Un pourcentage élevé d'enfants d'immigrés dans une classe nuit-il au déroulement de la scolarité des petits Français? Oui, si l'on en croit les parents d'élèves français. Non, si l'on se réfère aux enquêtes réalisées tant en France qu'à l'étranger – et elles sont plus nombreuses dans ce domaine de l'éducation que dans tout autre. Ce paradoxe tient à la dramatisation faite par certains parents des difficultés que rencontrent actuellement leurs enfants dans une école devenue inadaptée. Cette dramatisation est compréhensible, car il est vraisemblable que ces enfants subissent un préjudice dans nombre de cas (sauf si l'enseignant fait des miracles), et le nier exaspère le sentiment d'injustice éprouvé par ces familles, ce qui fait monter les tensions entre communautés. Encore qu'il soit exagéré de dire que ce préjudice joue systématiquement. Encore que beaucoup d'enseignants estiment que, lorsqu'ils sont en mesure de bien faire leur travail, ce préjudice n'existe pas.

Échec scolaire, échec social

En effet, l'échec scolaire frappe n'importe où, même là où il n'y a pas d'enfants étrangers. Cela suffit à démontrer que les enfants de l'immigration ne sont pas responsables des difficultés scolaires des petits Français. Chaque année, sur quelque 700 000 jeunes sortant de l'école, plus de 250 000 n'ont aucun diplôme, aucune préparation à la vie active, et parmi eux, qu'ils soient ou non français, un bon nombre sait à peine lire et écrire. Les jeunes nationaux qui débouchent ainsi sur le marché de l'emploi n'ont pas tous, loin s'en faut, partagé leur scolarité avec des enfants étrangers. Mais ils sont, pour la quasi-totalité d'entre eux, issus de familles ouvrières défavorisées économiquement et culturellement. Il y avait très peu d'enfants étrangers dans les écoles de France lorsque Pierre Bourdieu et Jean-Claude Passeron ont, en 1964, mis en lumière le phénomène des « héritiers »; ce n'est pas d'aujourd'hui qu'un fils ou une fille d'OS a moins de chances qu'un fils ou une fille de cadre supérieur d'entrer un jour à l'université ou de franchir le seuil difficile d'une grande école. Et l'échec scolaire ne se mesure pas au seul résultat d'un examen de fin d'études; il résulte d'un long parcours qui commence dès l'école maternelle, un parcours profondément marqué par le milieu social dont l'élève est issu, avant de l'être par la nationalité d'origine.

En réalité, il en va de l'école comme de l'urbanisme : sans les immigrés, la crise du logement existerait, sans les enfants d'étrangers, la crise du système éducatif n'en serait pas moins patente. La présence de ces élèves étrangers exacerbe les défauts et les lacunes de l'éducation scolaire. Ce qu'elle y ajoute de spécifique doit être l'occasion d'une réflexion sur l'inadaptation de l'école, et d'une redéfinition de sa mission dans une société qui a connu et qui va connaître davantage encore des mutations profondes.

Les écoles primaires où les enfants d'immigrés sont nombreux font néanmoins figure de repoussoirs aux yeux des parents français. Ici encore, des années de négligence et d'imprévoyance sont responsables de la situation. Jusqu'en 1981, date à laquelle ont été instituées des zones d'éducation prioritaires permettant notamment de prendre en compte dans le calcul des effectifs des classes la présence d'élèves étrangers, toutes les classes étaient abstraitement considérées comme équivalentes. Or, il va de soi qu'apprendre à lire à trente petits Français issus d'une bourgeoisie attentive aux progrès de ses enfants présente moins de difficultés que de s'occuper de trente élèves de sept ou huit nationalités différentes qui ne parlent pas nécessairement le français chez eux. On comprend que des parents conscients de ces difficultés puissent éprouver la crainte de voir le rythme scolaire de leur fils ou de leur fille perturbé par un voisinage mal vécu. Leur angoisse est renforcée par l'instabilité fréquente du corps enseignant : les instituteurs ont tendance à fuir ce type d'établissement difficile sur le plan pédagogique, d'autant plus que leur formation ne les prépare pas à aborder des situations atypiques et que le déroulement de leur carrière tiendra peu compte des efforts et du dévouement dont ils pourraient faire preuve. Ce sont donc des instituteurs jeunes, débutants, qu'on envoie dans ces postes de mission, où ils ne font que passer.

S'il paraît prouvé que les élèves étrangers ne provoquent pas une baisse généralisée du niveau des classes, ces enfants tendent cependant davantage que leurs camarades français vers l'échec scolaire. On rencontre certes de brillantes exceptions, tel Hamou Bouakak, fils d'ouvrier spécialisé et aveugle de naissance, admis à 17 ans en « math sup » au lycée Jeanson-de-Sailly de Paris. On rencontre aussi, fort heureusement, bon nombre de réussites « normales » : des enfants d'immigrés sortant de l'école avec un CAP qui débouche sur un emploi, d'autres encore qui passent le bac et entrent à l'université.

Les statistiques montrent néanmoins un « décrochage » des jeunes étrangers dès le début du secondaire (11-13 ans), qui se mesure autant par le retard dans le déroulement des études que par la médiocrité des filières suivies. « Le retard dans les études, phénomène général, touche les trois quarts des étrangers et la moitié des métropolitains. Pour les uns et les autres le retard est le plus souvent d'un an. Dans toutes les classes les étrangers sont toujours, dans l'ensemble, un peu plus âgés que les Français, sauf dans l'enseignement professionnel court, où il n'y a aucune différence [1]. » Cette observation relevée dans une étude de l'Institut national d'études démographiques et réalisée à partir de deux échantillons de 10 000 élèves chacun du premier et du second degré mérite d'être expliquée. L'enquête montre en effet que les étrangers, actuellement scolarisés dans le secondaire, ont une histoire différente de ceux qui se trouvent en ce moment même à l'école primaire : ces derniers, nés en France pour 66 % d'entre eux, ont presque tous été scolarisés au plus tard à six ans. En revanche, 62 % de leurs aînés sont nés à l'étranger et près du quart d'entre eux maîtrisent mal la langue française. La vague de jeunes étrangers qui sort aujourd'hui de l'école est ainsi marquée par une multitude de handicaps : apprentissage tardif du français, scolarisation tardive également lorsque ces jeunes sont arrivés après l'âge de six ans en France, difficultés d'adaptation à un pays et à un système éducatif radicalement différent de celui où ils ont passé leur petite enfance.

Le retard dans le déroulement des études explique notamment que ces jeunes soient très nombreux dans le

1. « Les enfants d'immigrés et l'enseignement français », *op. cit.*, p. 184.

cycle secondaire court : ils représentent 57 % de l'effectif contre 12 % seulement pour le second cycle long. Et qu'ils soient massivement présents – 31 % – dans ces impasses que sont les classes où les commissions d'orientation « parquent », en attendant qu'ils aient seize ans, les jeunes qui ne paraissent capables ni d'aller au lycée ni de préparer un CAP. Même si les chefs d'établissement et les enseignants se montrent généralement attentifs aux cas particuliers, il reste qu'un « mécanisme d'exclusion » implicite fonctionne au détriment des enfants étrangers : « L'orientation qui intervient à la fin de la cinquième ou de la troisième conduit les élèves étrangers vers des voies donnant accès à des métiers peu qualifiés, peu rémunérés, peu considérés. Nombreux sont ceux qui sortent du cycle court sans la moindre qualification ou avec une qualification non reconnue par les conventions collectives. L'orientation scolaire (...) signe l'échec scolaire et l'échec social [1]. »

L'éléphant et le lièvre

Il s'agit là d'une génération particulière d'enfants et d'adolescents dont l'histoire a été chaotique. Les mêmes handicaps pèseront-ils sur les jeunes qui la suivent? Les enfants d'immigrés, aujourd'hui élèves de l'école primaire, nés pour la plupart en France et scolarisés tôt, éviteront-ils

1. M.C. Munoz, *L'Incidence de la scolarisation sur l'accès au travail des adolescents étrangers*, Commission nationale pour les études et la recherche interethniques, Paris, 1979.

plus facilement que leurs aînés l'échec scolaire? Les conditions ne paraissent malheureusement pas réunies pour que l'on puisse se montrer optimiste : d'abord parce qu'être enfant d'immigré c'est, dans 80 % des cas, être fils ou fille d'ouvrier. Or, même si « des études fines – mais peu diffusées – du ministère de l'Éducation nationale prouvent (...) que les enfants d'immigrés réussissent un peu mieux que les enfants d'OS français [1] », ceux-ci appartiennent tout de même aux groupes de jeunes les plus défavorisés, les plus marqués par l'inégalité devant l'école. Ensuite, parce que d'autres facteurs défavorables pèsent davantage sur eux que sur leurs camarades français issus du même milieu : plus des trois quarts des enfants de l'immigration appartiennent à des familles très nombreuses et vivent dans des logements surpeuplés, ce qui n'aide guère à la concentration sur les devoirs; les filles, dont pourtant la réussite scolaire paraît supérieure à celle des garçons, subissent, surtout dans les familles musulmanes, des contraintes culturelles qui les vouent plus souvent aux travaux domestiques qu'aux études. Enfin, les parents immigrés, comme tous les parents de milieu modeste, mais plus encore que leurs homologues français, n'ont que peu de contacts avec le milieu scolaire. L'obstacle de la langue les écarte des associations de parents d'élèves. La plupart n'ont pas fait d'études et éprouvent une crainte mêlée de respect à l'égard des enseignants. Plutôt que de les rencontrer, ils préfèrent leur faire aveuglément confiance. Ils ont donc tendance à ne pas suivre de près la scolarité de leurs enfants, qu'ils se sentent de toute façon peu capables d'aider.

Ces handicaps relèvent davantage de l'appartenance

1. Danielle Fradet et Serge Boulet, in *Sans frontières*, octobre 1983.

sociale que de l'origine ethnique. Mais dans quelle mesure la qualité d'étranger pèse-t-elle sur la scolarité de ces enfants? Est-il possible d'isoler cette donnée des autres? La méconnaissance de la langue française tend à devenir de plus en plus rare dans les classes d'âge qui entrent à l'école primaire. Reste une différence de culture entre ces enfants et les autres qui, aux yeux de certains, constitue un obstacle majeur à une scolarité harmonieuse. On invoque souvent le malaise spécifique de ces jeunes pris entre deux cultures, parlant à la maison le kabyle ou l'arabe et apprenant la grammaire et le calcul en français. Allant et venant quotidiennement entre deux mondes, deux langues, deux systèmes de références, ces enfants se sentiraient quelque peu perdus.

On peut pourtant imaginer des situations dans lesquelles ce bi-culturalisme pourrait devenir un atout. Par exemple : « La situation existant dans les pays plurilingues peut utilement concourir à faire mieux comprendre l'expérience préprofessionnelle des enfants de migrants. La Belgique, la Suisse et la Yougoslavie assurent leur cohésion économique et politique grâce à des institutions plurilingues et à un enseignement dans la langue maternelle. Pour les ressortissants de ces pays, l'avancement professionnel et la mobilité sociale nécessitent la maîtrise de plus d'une langue, et l'enseignement officiel tient compte de cette nécessité. Le fait d'être ressortissant d'un pays multilingue semble d'autre part influer sur le comportement des migrants. Les chercheurs ont constaté, par exemple, que les enfants yougoslaves vivant en France abordaient le système scolaire français avec plus de confiance en soi et d'assurance que d'autres groupes. Il apparaît ainsi que le plurilinguisme développe la capacité de passer d'une langue, d'un dialecte ou d'un code à un autre, en fonction des circonstances [1]. »

Encore faudrait-il que ce bilinguisme en soit un, ce qui n'est pas vraiment le cas pour les enfants d'immigrés. La langue dite maternelle de ces jeunes n'a pas le même statut que le français. On la considère comme inférieure parce qu'elle ne sert à rien d'autre qu'à parler à la maison. Cette dévalorisation de la langue de la famille a de multiples conséquences. Elle peut nuire à l'apprentissage de la langue du pays d'accueil, elle perturbe les relations avec les parents, engendre des troubles de la personnalité.

L'histoire de Luciano, fils d'immigrés italiens vivant à Zurich, âgé de neuf ans au moment des faits, illustre les difficultés que ces jeunes enfants doivent surmonter : « A l'école, il était si mauvais élève que sa maîtresse avait demandé son transfert dans une classe spéciale pour élèves peu doués (...) Mais les examens du " centre [2] " démontraient que Luciano avait une intelligence nettement au-dessus de la moyenne. D'où provenaient ses difficultés scolaires? On pria Luciano de dessiner sa famille sous forme d'animaux. Il se mit tout de suite au travail avec ardeur et composa toute une histoire. " Mes parents, dit-il, sont des éléphants. J'étais moi aussi un éléphant jusqu'au jour où le magicien me transforma en lièvre. J'oubliai la langue des éléphants pour ne plus parler que la langue des lièvres. " La visite de Luciano au " centre " eut lieu à

1. *Les Enfants de migrants et l'emploi dans les pays d'Europe*, OCDE, Paris, 1983.

2. Il s'agit du Centro Informazioni Scolastiche de Zurich qui fonctionne comme un service d'*ombudsman* pour les enfants et leurs parents. Il intervient, après examen de l'enfant, auprès de l'institution scolaire pour rectifier une orientation jugée arbitraire ou erronée et pour aider l'enfant à surmonter ses handicaps.

l'époque de la campagne précédant la dernière votation contre la surpopulation étrangère. (...) Grâce à un recours, il fut possible d'annuler son affectation à une classe spéciale pour élèves peu doués et de l'attribuer à une petite classe pour élèves normalement doués. Il put suivre simultanément une psychothérapie. Après une année environ, le garçon revint au " centre " où on lui demanda ce qu'était devenu le pauvre petit lièvre. Luciano, rayonnant, répondit : " Ne savez-vous donc pas qu'il est aussi devenu un éléphant (...) " Il avait retrouvé son identité, son énergie primitive, sa confiance en soi. Après quelque temps, cette évolution se répercuta sur ses résultats scolaires qui s'améliorèrent si nettement qu'il put suivre avec succès, pendant tout le reste de sa scolarité, le programme normal[1]. »

La génération zéro

On mesure à travers cet exemple à quel point le développement du jeune migrant peut être bloqué parce que l'enfant se sent tiraillé entre deux mondes, l'un auquel il appartient affectivement, l'autre auquel il est contraint de s'identifier pour satisfaire ses maîtres. Prendre parti pour l'un, c'est trahir l'autre. Et ne pas choisir celui qui lui offre les plus grandes chances de promotion sociale, c'est courir le risque d'échec. Il y a sans doute beaucoup de

1. Sibilla Schuh, « Luciano et l'antre des éléphants », in *Être migrant, approches des problèmes socio-culturels et linguistiques des enfants migrants en Suisse*, Peter Lang, Berne et Francfort, 1981.

petits Luciano en France, beaucoup d'enfants qui ne parviennent pas à se situer, tiraillés entre leur famille et l'univers dans lequel ils vivent une partie de leurs journées. On imagine le traumatisme que peut représenter pour eux les campagnes électorales, où l'appel aux sentiments xénophobes devient monnaie courante.

A Dreux, entre les deux tours des élections du mois de mars, des familles immigrées ont craint que leur seule présence ne concoure à la victoire d'une droite qui leur avait signifié son hostilité. Résultat : les parents ont demandé à leurs enfants de ne pas sortir dans les rues, de ne pas jouer au pied des immeubles pour « ne pas créer d'histoires »! Coincés entre leur famille qui ne parle que de retour, et le pays, dit d'accueil, qui les rejette, comment ces jeunes n'auraient-ils pas de mal à se projeter dans l'avenir, à préparer leur vie d'adulte? Ce dont ils souffrent en définitive, c'est moins de baigner dans deux univers linguistiques et deux cultures que de vivre dans un climat permanent d'incertitude et d'insécurité. Certains psychologues et sociologues préfèrent à l'expression « seconde génération », dans laquelle on enferme ces enfants, celle de « génération zéro ». Elle est tristement exacte : c'est une génération qui a tout à recommencer, tout à construire, à partir de pas grand-chose.

L'école ne peut à elle seule corriger tous les péchés du monde. Elle pourrait cependant, comme elle l'a brillamment fait dans le passé pour les jeunes Français, favoriser le processus d'insertion sociale des jeunes étrangers. Or, elle ne le fait pas. Elle refuse, parce que c'est sa tradition, de s'appuyer sur les différences culturelles dont sont porteurs les enfants des migrants pour les aider à franchir avec succès chacune des étapes du parcours scolaire. L'école traite ces enfants comme on traitait autrefois les minorités régionales et linguistiques françaises. Et ça ne marche pas. Si les résultats laissent à désirer, ce sont moins les enfants que l'approche pédagogique et éducative qu'il faut mettre en cause.

La fonction de l'école républicaine a toujours été, au nom de l'égalité, d'assimiler les enfants, en rabotant leurs différences. Elle est ainsi parvenue, en moins d'un siècle, à imposer la langue nationale de la Bretagne à l'Alsace, du Languedoc à la Provence. Elle a par ailleurs réussi l'absorption de plusieurs vagues migratoires depuis la fin du XIXe siècle. Même si une plus grande liberté pédagogique a été donnée aux enseignants – on n'apprend plus systématiquement à tous les enfants que la Loire prend sa source au mont Gerbier-de-Jonc et que Charles Martel a arrêté (Dieu merci!) les Arabes à Poitiers en 732 –, l'institution, elle, est restée extraordinairement imperméable aux changements. C'est un immigré qui relève qu'« avec la décomposition des mécanismes traditionnels d'intégration et les mutations sociales et technologiques qui profilent depuis des années la disparition des valeurs et des fondements de la société industrielle, l'école est entrée sans en être totalement consciente dans une phase où son rôle doit obligatoirement changer de nature. Les principes mêmes qui fondaient sa légitimité s'en retrouvent laminés et son échec – plutôt que celui de ses clients – dans la continuation de sa mission originelle : créer une véritable égalité des chances, devient patent. Les jeunes immigrés servent ainsi de révélateurs à une problématique qui dépasse de loin leur cas particulier, même s'ils servent d'abcès de fixation sur un corps malade de son inertie [1] ».

1. Adil Jazouli, in *Sans frontières*, octobre 1983.

A travers l'échec des jeunes étrangers, l'Éducation nationale commence à remettre en question ce qui a fait son fondement même : sa mission unificatrice. On a créé une nouvelle structure en 1975, les CEFISEM (Centre de formation et d'information pour la scolarisation des enfants des travailleurs migrants), qui procède d'une louable intention. Implantés dans les Écoles normales d'instituteurs, ils doivent permettre aux enseignants de mieux connaître la culture des enfants étrangers qu'ils ont en charge. Composés d'un corps d'enseignants motivés et compétents, ils ont pour mission d'informer le personnel de l'Éducation sur la réalité de l'immigration et des pays d'origine. Lorsqu'on regarde fonctionner ces centres, on doit cependant s'interroger sur leur efficacité. Trop peu nombreux (il n'en existe qu'une quinzaine pour toute la France), la plupart du temps démunis de moyens et marginalisés dans l'appareil de formation, ils font fonction de « pompiers de service » appelés à intervenir lorsque la situation sur le terrain s'est gravement dégradée. Dans ces conditions, ils ne donnent aux instituteurs qui appellent à l'aide qu'un vague vernis de connaissance des cultures étrangères.

La formation initiale des enseignants reste pour l'essentiel profondément classique et ethnocentriste. Si depuis deux ans les élèves des Écoles normales peuvent s'initier à la pédagogie interculturelle, ce n'est qu'à titre facultatif. Et l'entrée des activités et de la pédagogie interculturelles dans les écoles maternelles et primaires n'est qu'un pas timide vers une révision nécessaire du contenu même de l'école jacobine, hexagonale et conservatrice.

L'école française peut-elle être plurielle?

La question du bilinguisme est enfin devenue l'objet d'un débat qui est loin d'être tranché. Faut-il que les enfants des immigrés apprennent la langue de leurs parents? La réponse des pays d'origine est sans ambiguïté : l'enseignement de leur langue maternelle aux enfants de leurs ressortissants reste le meilleur moyen de maintenir des liens avec leur culture, d'en transmettre les valeurs, de permettre le retour sans heurts des émigrés. Aussi, dans la plupart des villes d'immigration, les amicales étrangères organisent-elles des cours du soir destinés aux jeunes de leurs communautés. Pour leur part, des chercheurs et des pédagogues développent, depuis quelques années, l'idée que l'apprentissage de la langue d'origine contribue à celle du français et permet de lutter efficacement contre l'échec scolaire. Certains vont jusqu'à préconiser, au risque là encore d'organiser l' « apartheid » au sein même de l'école, l'enseignement des matières fondamentales dans la langue maternelle. Les enfants étrangers seraient regroupés par nationalité dans des classes spéciales et ne se mêleraient aux autres enfants qu'à l'occasion de la gymnastique, du dessin ou de la récréation. A vouloir trop bien faire, on risque de séparer encore davantage les élèves d'une même école sans être sûr de résoudre ce qui demeure fondamental : l'apprentissage réussi de la langue du pays hôte, source du succès ou de l'échec scolaire et professionnel.

Ici ou là, on tente cependant des expériences d'intégration de l'enseignement des langues d'origine à l'école primaire. Ces cours sont assurés par des professeurs étrangers recrutés et rétribués par leur gouvernement. Ils offrent l'avantage de valoriser aux yeux des enfants la langue de leurs parents. Ils présentent cependant un défaut majeur : celui d'être exclusivement réservés aux non-Français. L'école, de ce fait, n'est pas bilingue comme elle pourrait l'être, mais divisée en fonction de la nationalité des élèves, ce qui est en totale contradiction avec l'interculturalisme qu'on prône par ailleurs. Ces cours, lorsqu'ils s'ajoutent aux horaires déjà lourds de l'école, surchargent des enfants déjà en difficulté. Et lorsqu'ils s'insèrent dans la journée scolaire, ils conduisent à priver les élèves des matières dites « d'éveil » comme le dessin ou la musique. Un enseignement facultatif bilingue pour tous les enfants dans des écoles où le multilinguisme existe *de facto* est peut-être une voie d'avenir. A condition qu'elle se prolonge dans le secondaire. On n'a jamais rien fait, dans le système scolaire français, pour valoriser ou développer les connaissances linguistiques que les élèves peuvent avoir lorsqu'ils entrent au CES ou au lycée. On ne comptait pour toute la France, en 1980, que 162 professeurs de portugais et 99 d'arabe! La même année le ministère de l'Éducation créait seulement 30 postes d'espagnol, 13 de portugais, 10 d'italien et 8 d'arabe au CAPES. Comment, dans ces conditions, espérer que les jeunes Portugais ou Maghrébins puissent un jour rentrer dans le pays de leurs parents, alors qu'ils ne savent guère en écrire la langue?

Il n'existe pas de recette qui permette aux enfants, quelles que soient leur origine sociale et leur nationalité, de faire une bonne scolarité. L'exemple du *busing* américain est là pour montrer que ce n'est pas en transportant des élèves d'un quartier à l'autre, pour doser savamment enfants blancs et enfants de couleur, qu'on vainc le racisme ni qu'on rénove l'école : on n'aboutit ainsi qu'à grossir les rangs de l'enseignement privé et à décourager le corps enseignant. Sans doute vaut-il mieux adapter les effectifs des classes, la pédagogie et le contenu du programme à la réalité des milieux et aux spécificités de leur population. Les solutions efficaces sont certainement à rechercher dans la pluralité et non plus dans l'uniformité.

Former les jeunes exclus

Lorsque les enfants des immigrés quittent l'école le jour de leurs seize ans, c'est souvent au grand soulagement de leurs maîtres. Mal préparés ou pas préparés du tout à la vie professionnelle, ils ont peu de chances de trouver un emploi sur une chaîne comme leurs parents; y aurait-il des postes disponibles, on leur préférera souvent, à l'embauche, un jeune Français. Leur nom, leur apparence – au-delà même de leur nationalité : ils sont parfois français – les désavantagent sur un marché de l'emploi devenu hyper-concurrentiel. Et cela d'autant plus que ces jeunes n'ont pas la même docilité que leurs pères. Ils se retrouvent nombreux au chômage, oisifs, disponibles pour la délinquance ou la révolte.

Bertrand Schwartz a très bien décrit ce phénomène massif d'exclusion d'une partie de chaque classe d'âge à laquelle sont refusés à la fois l'entrée dans la vie professionnelle, la possibilité de s'insérer dans la vie sociale et le droit d'être reconnu comme adulte [1]. Le professeur Schwartz est depuis 1982 le « père » de ces « missions locales d'insertion sociale et professionnelle des seize-vingt-et-un ans » qui se mettent progressivement en place dans les villes à l'initiative des élus locaux. Leur objectif est de repérer, d'orienter et de former ces jeunes, qu'ils soient d'origine française ou étrangère; de leur donner une possibilité réelle de démarrage professionnel. Également de les aider à trouver un employeur, un logement, un rôle dans la vie de la cité.

Ces « missions » sont-elles un cautère sur une jambe de bois? Le moyen pour l'école d'avoir la conscience tranquille en sachant qu'elle peut se décharger sur elles des élèves dont elle ne veut plus? Ce serait le cas si tous les partenaires concernés – collectivités locales, monde scolaire, administrations, organismes de formation et entreprises – ne jouaient pas le jeu et refusaient de considérer que la France n'a rien à gagner en laissant à l'abandon une partie de sa jeunesse, quelle que soit son origine. Il est d'ores et déjà inquiétant de constater que l'entrée des jeunes immigrés dans le monde du travail témoigne d'une « reproduction de la force de travail étrangère » : en 1980, 89 % des étrangers et 72,5 % des étrangères de moins de vingt-cinq ans occupant un emploi étaient ouvriers. Ces chiffres montrent que, d'une génération à l'autre, la promotion sociale reste, pour l'instant, inexistante [2].

Les graves questions que posent les immigrés et leurs enfants à la société française sont celles-là. Tous les habitants de notre pays aspirent naturellement à occuper

1. Rapport Schwartz, « Insertion professionnelle et sociale des jeunes », *La Documentation française*, 1982.
2. André Lebon, « La situation des jeunes étrangers au regard de l'emploi en Europe occidentale », in *Hommes et Migrations*, Paris, avril 1981.

un logement confortable, à entretenir avec leurs voisins des relations supportables, à bénéficier d'écoles de qualité pour leurs enfants, à voir ceux-ci grandir sans heurts et entrer dans la vie adulte sans difficultés excessives. Brusquement, ces besoins élémentaires sont devenus impossibles à satisfaire pour beaucoup de nos concitoyens. La croissance n'est plus là pour nourrir les rêves et leur permettre, parfois, de se réaliser.

Dans ce contexte, il est désormais ingrat – pour ne pas dire politiquement dangereux – de préconiser ce qu'un souci de justice sociale et le bon sens prescrivent : l'amélioration aussi rapide que possible des conditions d'existence, de formation, d'insertion des immigrés et de leurs enfants. Ces femmes, ces hommes, ces jeunes, ces gamins nés ou à naître constituent aujourd'hui une minorité nationale. Qu'on le veuille ou non.

CHAPITRE V

Le temps des Beurs

« L'idée d'une intégration de ces jeunes Maghrébins à notre société est proprement folle [1] ». Qui parle ainsi? M. Le Pen? Nullement! : deux journalistes talentueux et influents, Philippe Alexandre et Roger Priouret. Ils tranchent, avec une assurance stupéfiante. Aussi certainement qu'à la veille du XXe siècle Dreyfus était coupable, ces enfants d'immigrés seraient, à l'aube du XXIe siècle, inintégrables. Une petite phrase qui montre où se situe le dernier rempart de ceux qui ne sont pas racistes, mais... Intégrer les autres migrants, passe encore, disent-ils. Mais ces fils ou filles d'Algériens, de Tunisiens, de Marocains, ceux-là non, décidément, ce n'est pas possible!

Pas possible, pourquoi? Et pourquoi dit-on la même chose des Turcs en Allemagne fédérale, des Surinamiens aux Pays-Bas, des Pakistanais en Angleterre, des Chicanos aux États-Unis? Parce que chaque pays d'immigration désigne comme étant inassimilable une communauté d'importation récente, qu'avec le temps pourtant il finira par assimiler, comme les autres.

L'intégration des jeunes Maghrébins, une idée folle? C'est le penser et l'écrire qui est déraisonnable. Cela évite

1. *Marianne et le Pot au lait*, Grasset, Paris, 1983.

de débattre avec ces jeunes de leur avenir en France. Cela dispense de rechercher des solutions pour accélérer leur adoption par la société française.

Le processus est pourtant plus qu'engagé. Il faut aller voir ce qui se passe au centre culturel des Flamands à Marseille, au club de foot de La Courneuve, au sein de l'association Gutenberg de Nanterre. La plupart des filles et des garçons, enfants d'immigrés, y apportent la preuve quotidienne de leur capacité d'intégration. Le club de théâtre, c'est eux; la radio locale, c'est eux; l'encadrement des petits dans le centre de loisirs, c'est encore eux.

Oui, ces jeunes ont une spécificité : ils affirment leur existence en proclamant leur identité. C'est leur manière de nous faire comprendre que leur intégration est moins un problème qui se pose à eux qu'une obligation qui s'impose à nous. En réalité, c'est le discours des Français sur la revalorisation des cultures d'origine, sur le respect des différences qui a conduit à cette prise de conscience, à cette revendication nouvelle dans l'histoire des immigrés en France : ils veulent être reconnus plutôt qu'assimilés. Isabelle Taboada-Léonetti – qui se définit elle-même comme appartenant à une génération précédente issue de l'immigration – précise à propos de ces jeunes : « Devenus un " objet de recherche ", ils ont acquis une existence en tant que groupe social : " les secondes générations ". Aucun d'entre eux – s'il lit les journaux, regarde la télé ou fréquente éducateurs, assistantes sociales, etc. – ne peut l'ignorer. Avant même qu'ils fassent partie d'un ensemble de jeunes qui posent des problèmes; avant qu'ils aient pu formuler leurs doutes, il savent qu'ils auront des problèmes d'identité (...). Là où nous, les anciens " jeunes immigrés ", trouvions des solutions individuelles au choix qui nous était offert entre l'assimilation et la marginalité, les jeunes aujourd'hui ont un choix plus large, dont celui de créer ensemble des identités sur mesure [1]. »

Quelle peut être cette identité? Les jeunes Maghrébins dont parlent MM. Alexandre et Priouret sont, pour nombre d'entre eux, déjà français. Par exemple, ces fils et filles de harkis, eux aussi victimes du racisme et dont la faible intégration à la société française doit être considérée comme la honte de tous les gouvernements qui se sont succédé depuis 1962. Ces jeunes gens souhaitent sortir de la situation dans laquelle ils se sentent enfermés. Ainsi, Toumi Djaïja, président de l'association SOS Minguettes. Grièvement blessé par un policier lors d'une « nuit chaude » de son quartier, il en a réchappé. Et il a rêvé de faire comme Gandhi et Martin Luther King. De marcher, avec ses copains, à travers la France, pendant presque deux mois pour dénoncer la violence et l'hystérie, pour trouver avec les autres Français un terrain d'entente. Quand on est fils et filles de harkis, on sait bien qu'on peut se faire insulter, ou même se faire tuer, pour simple « délit de gueule ». On sait bien que, dans certaines circonstances, on n'a pas forcément le temps de sortir sa carte d'identité.

Les familles de harkis qui vivent sur notre sol, et dont les enfants sont nés ici, attendent leur intégration depuis plus de vingt ans. Leur cas n'est pas si éloigné de celui des autres immigrés, originaires eux aussi du Tiers-Monde. Tous frappent à la même porte, bien que leur histoire soit différente, bien qu'on les dresse parfois les uns contre les autres, bien qu'ils usent pour se faire entendre de mots distincts.

1. Isabelle Taboada-Léonetti, « Deux ou trois choses sur la deuxième génération », in *Sans frontières*, 20-26 novembre 1981.

Assimilation, intégration, insertion

Précisément, arrêtons-nous un instant sur les mots désignant les mécanismes par lesquels la société française accueille et absorbe les individus ou les communautés exogènes. Dans le passé, on a souvent utilisé les termes d'intégration et d'assimilation. Ces notions n'ont choqué, en leur temps, ni les Espagnols, ni les Portugais, ni même les Français musulmans, désireux de se fondre dans la société française. Aujourd'hui, on trouve à ces mots un relent colonialiste et centralisateur. On leur reproche de fonctionner à sens unique. Car ils sous-entendent que les étrangers, « horsains » et « accourus » de tout poil, doivent faire oublier d'où ils viennent et qui ils sont. Soit. Un autre mot, à la mode celui-là, correspond sans doute mieux à ce qui est en train de se passer, à ce que désirent les intéressés, à ce que la France est prête à faire pour adopter ces enfants qui ne sont pas encore tout à fait les siens. C'est le mot d'« insertion ». On ne sait pas très bien ce qu'il veut dire; pour le moment il n'est suspect ni aux yeux des uns ni aux yeux des autres. Le gouvernement annonce des mesures d'« insertion des populations immigrées », et celles-ci apprécient qu'on reconnaisse ainsi l'existence de leur identité. Le dialogue peut s'engager sur ces bases.

Retenons donc cette notion d'insertion pour tenter de cerner l'impact démographique, culturel et politique des populations issues de l'immigration sur les structures sociales et juridiques de la France, aujourd'hui et demain. Car la notion d'insertion laisse ouvertes les modalités selon lesquelles seront gommées ou respectées les différences, cultivées ou refusées les similitudes. Défi passionnant lancé à notre civilisation, contrainte de réexaminer la manière dont elle accepte et transforme ce qui lui vient de l'extérieur : les idées, les styles de vie, la musique, le vocabulaire... Pour ne pas s'étioler, elle a plus que jamais besoin de ces apports extérieurs. Et d'abord sur le plan démographique.

« Nous sommes tous des immigrés de la première, deuxième, troisième, quatrième génération... » En dévalant de La Cayolle, en longeant le boulevard Perrier et le cours Belzunce pour atteindre le Vieux Port, première étape de leur tour de France qui devait s'achever à Paris le 3 décembre 1983, les jeunes marcheurs maghrébins de la tolérance et de la réconciliation résumaient sans le savoir toute l'histoire du peuplement de la France. Les Marseillais qu'ils croisaient et qui les regardaient à peine auraient sans doute été surpris en comparant leur propre généalogie et celle de ces jeunes gens. Combien de Français ont en effet parmi leurs ancêtres, suffisamment proches pour que le souvenir n'en soit pas effacé, un ou plusieurs non-Français? Près de 20 millions.

Qu'est-ce au juste qu'être français? Les chiffres globaux dissimulent une très grande diversité, non seulement nationale mais ethnique. Au 1er janvier 1983, la France métropolitaine comptait un peu plus de 54 millions d'habitants. Parmi eux, « intégrés » dans ce décompte, tous les immigrés résidant régulièrement en France. Parmi eux, plus de 500 000 membres de familles arabes ou kabyles originaires d'Algérie, mis dans le même sac en 1962 que les autres « rapatriés ». Parmi eux, près de 300 000 jeunes nés de parents immigrés ayant acquis à dix-huit ans la nationalité française. Parmi eux un demi-million d'Antillais, de Guyanais, de Réunionnais qui vivent et travaillent dans l'hexagone.

Ces populations, ainsi que toutes celles qui sont venues les unes après les autres s'installer sur le territoire français, ont joué un rôle décisif dans le peuplement de la France actuelle. Si depuis un siècle notre pays n'avait pas absorbé plusieurs vagues migratoires, venues des pays limitrophes d'Europe mais aussi de plus loin, il y aurait aujourd'hui plusieurs millions de Français de moins. Cela n'empêche pas notre peuple de refuser collectivement de se souvenir des menaces récurrentes de déclin démographique qui pèsent sur lui depuis des générations, et des moyens qui ont été utilisés pour en diminuer les effets. Rares sont les manuels d'histoire, de géographie ou d'économie qui consacrent plus de quelques pages à l'évolution de la population de la France. Et presque aucun ne fait allusion à l'apport de l'immigration. L'une des clés de notre histoire économique et sociale se trouve pourtant là. Celle de nos aventures et mésaventures militaires également.

Sans eux la France vieillit

A l'orée du XIXe siècle, la France était le pays le plus peuplé et le plus jeune d'Europe. Elle comptait presque autant d'habitants que la Russie d'alors, et trois fois plus que la Grande-Bretagne. L'apogée de son influence politique, culturelle et scientifique se situe à cette époque. Dès lors pourtant se dessine chez nous, sans qu'on puisse en expliquer les raisons avec certitude, une baisse de la fécondité unique en Europe. Les guerres de l'Empire ne feront que l'accentuer. Alors que la population des autres pays européens augmentait si rapidement qu'ils durent recourir à l'émigration pour survivre (14 millions de Britanniques et 5 millions d'Allemands ont quitté le continent européen en moins de cent ans), la France, elle, a commencé dès le second Empire à recourir à l'immigration pour soutenir son développement économique. A partir de 1850 et jusqu'à aujourd'hui, son solde migratoire a été presque constamment positif. A plusieurs reprises, entre 1914 et 1918, au lendemain de la Première puis à nouveau après la Seconde Guerre mondiale, l'immigration fut ressentie comme une nécessité vitale.

La faiblesse démographique de la France a été et demeure une des causes inavouées de la venue et de la sédentarisation des migrants. Mais aucun gouvernement n'a jamais eu le courage de le dire. « Il est difficile de soutenir ouvertement, devant une opinion publique jalouse des privilèges nationaux, que l'immigration est nécessaire pour compenser l'insuffisance de la fécondité nationale », écrit le géographe Pierre George. « Pourtant il est certain, poursuit-il, que depuis le début du siècle au moins, même en ne tenant pas compte des pertes de population imputables aux guerres, la croissance de la population française a été soutenue pour près de moitié par l'immigration et que, malgré cet apport, la densité de la population de la France reste de beaucoup la moins élevée de celle des autres pays industriels européens [1]. »

On a toujours présenté l'introduction de travailleurs étrangers comme un palliatif temporaire à une difficulté d'ordre économique : le manque de main-d'œuvre. Et non

1. Pierre George, *Les Migrations internationales*, PUF, Paris, 1976, p. 184-185.

pour ce qu'elle était aussi : une immigration de peuplement. Dès 1946, Alfred Sauvy soulignait que « les prévisions sur l'immigration ne doivent pas être calculées d'après les seuls besoins actuels de la reconstruction, mais tenir compte des besoins démographiques [1] ». Il estimait alors qu'il manquait à la France près de 5,5 millions d'habitants, dont 2,5 millions d'adultes, pour rétablir l'équilibre de sa population. Lorsque le *baby-boom* de l'après-guerre a reflué, les pouvoirs publics n'ont pas manqué de lancer des cris d'alarme devant une fécondité en chute libre, en espérant que celle-ci reprendrait le droit chemin. Comme s'il suffisait d'appeler à une augmentation de la natalité pour que celle-ci se produise!

La France se trouve aujourd'hui dans une situation que les démographes jugent préoccupante. Le taux de fécondité est en 1983, et pour la neuvième année consécutive, inférieur au seuil minimal de reproduction des générations. Dans ces conditions, l'installation définitive des immigrés vivant ici apparaît comme une nécessité absolue.

Il est pour le moins paradoxal que le rapport présenté à l'automne 1983 par Pierre Jarlejean, devant le Conseil économique et social, sur le vieillissement démographique de la France et ses conséquences économiques et sociales, ne consacre que quelques brefs paragraphes, de portée très générale, à l'immigration. On ne peut, comme le fait l'auteur du rapport, à la fois s'alarmer de l'accentuation du vieillissement de la population française, rappeler que « la France comptera en 1983 le pourcentage de jeunes de moins de vingt ans le plus faible de son histoire » et souhaiter, quelques pages plus loin, « un retour progressif et négocié des populations (immigrées) dont le déracine-

1. Alfred Sauvy, *Population*, nº 1, 1946.

ment s'aggrave avec le temps [1] ». Si dans les mois, dans les années à venir, la contribution démographique des immigrés venait à manquer, le vieillissement de la France en serait gravement accentué. Les migrants et leurs enfants constituent en effet une population jeune, dont le taux de fécondité contribue à relever le taux national. Même si le nombre moyen d'enfants par femme étrangère tend à diminuer en même temps que le nombre d'enfants par femme française [2], « car s'amorce, chez les immigrés de la première génération dont la durée d'expatriation s'allonge et chez les jeunes étrangères de la seconde génération, une modification de l'attitude vis-à-vis des problèmes de la fécondité et de la taille de la famille [3] ».

La génération sacrifiée

Pour ne pas être vouée à un déclin démographique définitif, il est plus que probable que la France devra un jour recourir de nouveau à l'immigration. Dans les années quatre-vingt, notre pays voit naître moins de 750 000 bébés par an. C'est déjà le pays du début du XXIe siècle qui se profile, caractérisé par une pyramide des âges dont la base se rétrécit rapidement. Les responsables politiques et les économistes, qui considèrent avec soulagement

1. Pierre Jarlejean, *Le Vieillissement démographique et ses conséquences économiques et sociales*, Conseil économique et social, 1983.
2. Entre 1968 et 1971, le nombre moyen par femme est passé respectivement de 4,01 à 3,32 pour les étrangères et de 2,50 à 1,84 pour les Françaises.
3. *Rapport de synthèse des travaux du Haut Comité de la population*, DPM, juin 1980, p. 73.

l'arrivée prochaine sur le marché du travail de classes d'âge moins nombreuses, commettent une grave erreur. Uniquement préoccupés par la conjoncture présente, ils ne voient pas que, dans vingt ans, la France, si elle continue sur cette pente, sera de plus en plus vieille.

S'il fallait alors recourir massivement à l'immigration, ce serait dans les plus mauvaises conditions, car « psychologiquement et moralement, un afflux de population étrangère dans une société en perte de vitesse démographique ne manquerait pas de susciter des tensions dont la gravité ne peut être sous-estimée [1] ». On verrait se développer dans l'opinion, bien plus encore qu'aujourd'hui, la crainte aiguë que la population autochtone soit débordée par les étrangers et leurs enfants.

Si l'on comprend que la France ferme momentanément ses frontières à de nouveaux immigrés pour des raisons qui tiennent à la conjoncture économique, on comprend mal, en revanche, qu'elle ne fasse pas tout ce qui est en son pouvoir pour absorber – par intégration ou insertion – l'immigration déjà présente sur son territoire, que celle-ci soit française d'origine immigrée ou immigrée en voie de devenir française. Surtout lorsqu'il s'agit de jeunes adultes. Pour les parents de ces jeunes, une politique d'accueil appropriée aurait en son temps facilité les choses. Maintenant, il est sans doute trop tard. La génération de l'immigration – et c'est un constat désolant – apparaît comme une génération écrasée par l'histoire. On ne lui a jamais offert le choix entre l'intégration et le retour, puisque son retour, en principe, allait de soi. On ne lui a jamais expliqué quels étaient ses droits ni ses devoirs. On l'a mise à l'écart, non seulement juridiquement, mais

1. *Rapport de synthèse des travaux du Haut Comité de la population, op. cit.*, p. 76.

socialement. Elle est devenue une population dans la population. Immigrés pour repartir, hantés par le sentiment permanent d'être en infraction, ces hommes et ces femmes dans la force de l'âge ou au seuil de la vieillesse n'espèrent plus grand-chose de la société française, sinon ne pas être brutalement rejetés à la mer. Face à la montée du racisme, ils se terrent car ils ne se sentent ici aucune légitimité. Que faire pour eux sinon aider leurs enfants?

Les fils et filles d'immigrés n'acceptent d'ailleurs pas, pour leur part, d'être sacrifiés ou écrasés. La montée du racisme les pousse à se constituer en une force qui s'affirme. Il serait temps que les pouvoirs publics, les médias, l'opinion cessent de s'en tenir à l'image misérabiliste d'une jeunesse perdue sinon pour la délinquance. Ces jeunes ont tout à découvrir, tout à conquérir, et d'abord leur dignité.

Cette « génération zéro » montre qu'elle est prête à faire preuve d'une belle combativité, d'enthousiasme et de novation. A l'écouter, à la regarder, on a le sentiment qu'elle n'attend plus qu'on veuille bien lui octroyer une place dans les interstices de notre société : elle est en train de la prendre. On l'a décrite, coincée entre deux cultures, à la recherche de son identité. Cela devient chaque jour moins vrai.

Même si l'image que donnent les parents fait illusion : ceux-ci restent, c'est vrai, attachés à un héritage qui plonge ses racines dans la terre d'origine, mais n'a plus grand-chose à voir avec ce qu'elle est devenue. Certaines communautés immigrées sont ainsi devenues conservatrices d'une expression culturelle contemporaine de leur émigration. Ce fut le cas pour les réfugiés espagnols : coupés de leur pays jusqu'à la mort de Franco, ils pouvaient difficilement accepter l'idée que leur terre natale évolue en leur absence. C'est le cas des familles de harkis qui ont quitté l'Algérie voici plus de vingt ans et n'y sont jamais retournées. Leur identité s'est comme fossilisée en 1962.

« Rengainez, on arrive »

Or, l'identité n'est pas une donnée, mais un mouvement. Les fils et les filles d'immigrés n'ont ni les souvenirs ni les nostalgies de leurs parents. On les dit assis entre deux chaises, voire entre deux strapontins. Ni vraiment immigrés mais enfants de l'immigration, ni vraiment français mais membres de la communauté nationale, ils revendiquent leur appartenance à deux mondes à la fois. Et le droit d'en créer un troisième, dans lequel une façon d'être originale que certains appellent l'« immigritude » émerge peu à peu.

La marche des jeunes des Minguettes, d'octobre à décembre 1983, a fait l'effet d'une révélation. « Pour l'égalité des droits, contre le racisme », « Rengainez, on arrive, la chasse est fermée », « La France est comme une mobylette, pour avancer il lui faut du mélange », ces slogans symbolisent la main tendue par une génération marginalisée et qui veut que, désormais, la France compte avec elle. « On a compris qu'il est impossible de se sauver individuellement », ont-ils confié. Ou encore, « la marche est arrivée à temps pour nous empêcher de prendre des initiatives dangereuses ». Et aussi : « On ne pourra plus généraliser, dire que tous les Français sont racistes. Beaucoup nous ont entendus, ils sont venus marcher avec nous. » Les militants de l'antiracisme, qui jusque-là avaient beaucoup parlé des immigrés sans les connaître vraiment, ont découvert d'une ville à l'autre que les jeunes Français et enfants d'immigrés rencontraient des difficultés semblables, et qu'ils pouvaient en discuter entre eux. Cette marche a bien montré que l'insertion devait se faire dans les deux sens. Les immigrés sont modelés par la société dans laquelle ils vivent. La société qui les accueille, bon gré, mal gré, est transformée par eux.

La France a, assure-t-on, une tradition assimilatrice. Elle l'aurait prouvé dans son histoire. En disant cela, nous avons le sentiment qu'elle est une terre d'accueil généreuse. La vérité est qu'elle accepte les individus, mais qu'elle redoute toute communauté qui peut se constituer en minorité agissante. Sans doute est-ce cela qu'on peut essayer de changer.

Naissance de l'immigritude

A l'origine du mouvement lancé par les jeunes issus de l'immigration, se trouve en particulier le journal *Sans frontières*. Certes, les communautés existaient avant que ne soit publié ce mensuel. Mais il leur a servi de catalyseur et permis de se définir, de se retrouver par l'image et par l'écrit. *Sans frontières* a contribué à donner aux immigrés, au-delà de leurs spécificités, le sentiment que, vivant dans le même pays, la France, ils avaient une expérience et un avenir communs. Le journal est interculturel puisque y voisinent des informations, des reportages, des articles de fond sur les Antillais, les Turcs, les Portugais, les Sénégalais... Il traite de l'actualité des pays d'origine, mais se situe résolument dans l'immigration, dont il suit les combats et les modes d'expression. Propalestiniens, ses collaborateurs ne refusent pas le débat avec les juifs. De gauche, ils ont espéré la victoire de François Mitterrand, mais « non alignés », ils disent leur espoir et aussi leur amertume, souvent avec humour. Par exemple, cette couverture du printemps 1983, au lendemain de la petite phrase du Premier ministre sur les grèves d'Aulnay : « la crise est grande, Mauroy est son prophète »... Ses fondateurs avaient rêvé de faire de leur journal le *Libé* des immigrés. *Sans frontières* ne paraît qu'une fois par mois, mais son originalité et son succès incontestables le situent dans une tradition journalistique française de qualité. Il a le mérite de montrer que les immigrés, ainsi que le souhaite Mogniss, initiateur de l'agence de communication Im'Média, savent « lutter contre la tentation de faire des martyrs et du social-triste ».

Sans frontières n'est pas la seule voix de l'immigration. La loi autorisant les immigrés à créer des associations a permis l'apparition sur les ondes de radios libres, à Paris, à Marseille, à Lyon. La plupart expriment une sensibilité ou une culture nationale, mais les plus écoutées tentent de se placer au carrefour des immigrations, de parler à un public plus large. C'est le cas de Radio-Gazelle à Marseille, de radio Média-Soleil à Paris, créée par l'équipe rédactionnelle de *Sans frontières* et regroupant quatre fréquences maghrébo-africaines, avec l'ambition d'être la radio parisienne de toute l'immigration.

L'histoire de Radio-Beurs, la plus jeune des radios lancée par des enfants d'immigrés, est intéressante à plus d'un titre. Son nom, d'abord, fait référence au monde de jeunes Maghrébins désormais organisé et conscient de sa force : Beurs, cela veut dire Arabes dans la langue pleine d'invention des banlieues. Cela signifie aussi Berbère d'Europe. Cela désigne enfin tous ces jeunes immigrés ou enfants d'immigrés qu'on décrit trop facilement comme irrécupérables. Beurs, c'est le nom que se donne une génération, c'est une manière, constructive, de remplacer le mot « bougnoule ». Nacer Kettane, fils d'OS, médecin et premier président de la station de radio, s'adressait en ces termes au ministère de la Communication pour définir l'entreprise qu'il avait lancée avec une douzaine de bénévoles et qui allait au-delà d'un simple projet radiophonique : « Étant les héritiers d'une politique malthusienne, nous nous trouvons relégués à la périphérie de l'action socio-culturelle française. Or, nous considérons que nous sommes désormais un phénomène structurel dans la vie culturelle de la France d'aujourd'hui, et que notre double nationalité est un de ces éléments. N'ayant ni terroir ni Eldorado, pour nous il n'existe pas de retour. C'est ici et maintenant que nous voulons investir l'espace socio-culturel en participant à part entière au développement de la création, tant sur le plan social que sur le plan artistique... Les structures socio-culturelles n'ayant jamais pris en compte nos différences, ou très peu, nous voulons mener des actions dans les divers champs d'intervention sociale, éducative, culturelle... ne plus être pensés en termes d'assistant. Notre action ne s'adresse pas uniquement aux jeunes enfants d'immigrés, mais à l'ensemble de la jeunesse avec laquelle nous vivons [1] ».

S'adresser à toute la jeunesse, être considérés comme l'une de ses composantes, telle est l'obsession des Beurs. Ils revendiquent bien sûr leur appartenance aux cultures méditerranéennes, ils souffrent de voir ces dernières souvent ignorées par la télévision, les circuits de cinéma et

1. Lettre de Nacer Kettane au ministère de la Communication, 23 juin 1982.

de l'édition [1], et ils n'hésitent pas à le dire. Mais ils revendiquent également leur appartenance à la culture occidentale : « que ce soit à l'égard de Piaf, en passant par Lavilliers, Renaud, Brassens, jusqu'à Chaplin ou Beethoven, les jeunes se démarquent nettement par rapport à la pensée moyenne française et ont d'ores et déjà choisi leur camp », proclame le manifeste de Radio-Beurs. A l'évidence, ces jeunes ne sont pas seulement « bi-culturels », ils sont les inventeurs de quelque chose d'autre, que les Français commencent à apprécier. Lorsque les Beurs chantent, ce n'est plus seulement devant des salles d'immigrés. Les sœurs Djudjura dénoncent dans leur langue les interdits du Maghreb, et c'est en arabe que le groupe « Carte de séjour », né dans la banlieue lyonnaise, chante le rock. Et le public français applaudit.

Lorsqu'ils s'expriment par la chanson, le théâtre, la littérature, ces immigrés ou enfants d'immigrés concilient tous leurs héritages. Appeler un groupe « Rockin' Babouches » ou « Bossa Nova kabyle », n'est-ce pas tout un programme? Au théâtre – il n'est guère de banlieue qui n'ait sa troupe –, ils jouent l'immigration et ses caractéristiques : la recherche des origines, mais également la vie en France, le racisme... « Ibn Khaldoun » à Belleville, la troupe de la cité des Flamands à Marseille, « Star du Bled » à Lyon ou « la Kahina » à Aubervilliers montent des spectacles qui tiennent longtemps l'affiche. *Pour que les larmes de nos mères deviennent une légende,* présenté par la Kahina, a été joué pendant deux ans en français et en kabyle; une longévité que bien des auteurs de boulevard leur envient!

Lorsque les immigrés écrivent, c'est aussi en français.

1. Seule ou presque l'émission « Mosaïque », programmée sur FR3, s'efforce le dimanche matin de refléter les cultures et l'actualité des immigrés.

Il ne s'agit pas ici des intellectuels patentés, reconnus par l'intelligentsia parisienne, mais des enfants d'immigrés, rejetés de l'école et regardés comme « inintégrables ». L'un d'entre eux, Medhi Charef, a créé l'événement en 1983, pas seulement parce que Bernard Pivot l'a invité à « Apostrophes », mais parce qu'il a du talent. Fils d'OS, ouvrier lui-même, il incarne cette génération qui invente un langage et un style. Pas intégrable ce jeune Maghrébin? Allez donc le voir à la tête du club de foot qu'il anime, dans son entreprise, ou encore discutant avec des journalistes, ou répondant à un ministre! Il n'est pas impossible que nous assistions très bientôt à l'apparition dans les rangs de l'immigration d'une littérature exceptionnellement riche. Certains éditeurs la voient déjà affleurer.

La liste des réalisations des jeunes immigrés serait fastidieuse à énumérer. Il suffit de savoir que celles-ci touchent à tous les domaines. Quand ils n'écrivent pas, les Beurs dessinent : des BD ou des vêtements. La mode elle-même devient beur, comme en témoigne le succès du style qu'a lancé Rafik, un jeune créateur franco-algérien de vingt ans.

Il ne faudrait pas pour autant idéaliser cette génération. Défavorisée économiquement, victime, on l'a vu, de l'échec scolaire, elle connaît aussi le désespoir. Le trafic de stupéfiants, la prostitution sévissent dans certains quartiers. Un habitant de la cité de transit de Nanterre constate : « Quand il n'y a rien à faire, rien à attendre de l'avenir, la drogue devient le moyen d'échapper à la réalité. C'est la même chose pour les Français. Les jeunes Maghrébins sont malades du rejet, du chômage, des insultes. A moins d'être fort et d'avoir du caractère, il est difficile d'y échapper. » Mais c'est justement là où la vie est la plus dure, là où l'horizon paraît le plus bouché que les énergies se bandent, que la riposte s'organise. A Nanterre, précisément, l'assassinat d'un lycéen de dix-neuf ans, Abdenbi Guemiah, abattu par un Français, a déclenché une vague de protestations qui s'est concrétisée par des actions précises et efficaces : négociations avec les autorités pour développer l'accès aux installations sportives; aide aux familles qui veulent déménager; protection des plus menacés. « Notre protestation est devenue une force positive », assure un militant beur. Il ajoute : « Nous ne voulons pas enfreindre la loi. Nous voulons qu'on respecte nos droits. »

Tous les immigrés ne sont pas des Beurs, mais le mérite de ces derniers est d'être parvenus à faire comprendre à un certain nombre de Français ce que sont les immigrés. Des jeunes de toutes origines peuvent se reconnaître dans les inquiétudes et les refus qu'ils manifestent, les rêves qu'ils expriment. Point d'exotisme dans tout cela, mais le reflet d'une réalité très actuelle et désormais bien de chez nous. Celle de la France de 1984.

Naturalisation, trahison?

La sédentarisation des étrangers rend aujourd'hui anachronique le terme même d'immigré. Les populations concernées apparaissent de plus en plus comme des minorités souffrant du double handicap de la précarité de leur situation juridique et de leur incapacité politique. Le fait n'est pas nouveau. Mais ce qui a changé, c'est la conscience qu'en ont les intéressés et leur désir d'y remédier. En innovant. Car il semble bien que les solutions traditionnelles, comme la naturalisation, ne conviennent plus, ou ne suffisent plus.

Depuis toujours, dans un pays d'immigration comme la France, l'étape qui marque l'entrée de l'étranger dans le corps de la nation, c'est sa naturalisation. Cette accession à la citoyenneté confère des avantages qui vont au-delà des droits électoraux. Les étrangers sont en effet soumis à un droit particulier qui permet leur contrôle par la police et fait peser sur eux une menace permanente d'expulsion. La naturalisation délivre les intéressés de cette crainte. A la différence d'autres peuples, les Français considèrent d'ailleurs l'octroi de la nationalité française comme un cadeau qui doit se mériter. Ils exigent que les étrangers fassent un effort pour devenir « vraiment » français, dans les apparences, dans le comportement, l'usage exclusif de la langue. Devenir français suppose que l'on renonce à sa spécificité.

C'est cela qui aujourd'hui pose problème. Techniquement, la naturalisation est en France une opération simple : il suffit de la demander et de justifier de cinq ans de résidence – moins même dans certains cas. Psychologiquement, c'est une autre affaire. En effet, la naturalisation ne se résume pas à une série de procédures administratives. Se faire naturaliser est une démarche qui concerne l'individu tout entier, met en question son histoire, sa relation passée et présente à sa terre natale. Elle exige, également, l'existence de liens forts avec le pays d'adoption.

Si la plupart des immigrés présents en France depuis des années ne demandent qu'exceptionnellement la nationalité française, c'est d'abord parce qu'ils se sentent moins étrangers qu'immigrés. Autrement dit, parce que leur situation est à leurs yeux un état provisoire, et qu'aussi bien l'attitude de la France que celle de leur pays d'origine les maintiennent dans ce sentiment. L'idée même de naturalisation n'a pas effleuré les générations qui ont immigré. Sauf cas exceptionnels : séjours très prolongés, mariages mixtes, etc. La plupart de ces immigrés auraient considéré leur naturalisation comme une trahison à l'égard de la mère patrie.

Ce sentiment est d'autant plus fort que nombre de travailleurs maghrébins et africains ont vécu avec fierté l'accès à l'indépendance de leur pays. La conquête de leur identité nationale leur est apparue comme le fruit d'un combat, parfois chèrement payé. On comprend qu'un Algérien, qui a acquis la reconnaissance de sa dignité en même temps que la nationalité algérienne en 1962, ne puisse y renoncer quelque vingt ans plus tard sans avoir l'impression de se renier.

Curieusement, ceux qui ont une conscience moins forte de leur appartenance nationale ne paraissent pas davantage tentés par la naturalisation. Là, c'est la faute de la France. Ces hommes et ces femmes se demandent ce que leur apporterait un changement de papiers. C'est le cas de Tunisiens et de Marocains qui, lorsqu'on les interroge à ce propos, répondent en montrant du doigt leur visage : « avec la tête que j'ai, qu'est-ce que ça changerait? Qu'on m'accepte d'abord comme je suis, on verra après ». C'est le cas aussi de tous ceux qui, voyant monter le racisme, s'accrochent à leur nationalité comme à une issue de secours : « Si les juifs avaient eu Israël en 1933 ils ne seraient pas morts à Auschwitz », déclare un cadre tunisien établi en France depuis vingt-cinq ans, marié à une Française, et qui hésite à demander la nationalité française.

Des Français qui s'ignorent

On comprend les hésitations de ces immigrés. Mais qu'en est-il de leurs enfants? Ceux-là constituent la génération clé. Surtout parce que leur statut au regard de la nationalité est ambigu. Combien de Français savent-ils qu'il est presque impossible de trouver son chemin dans le maquis du Code de la nationalité? Les intéressés eux-mêmes n'y parviennent pas toujours, allant jusqu'à ignorer souvent à quelle nation ils appartiennent en droit.

L'attribution de la nationalité française à la naissance résulte soit de l'affiliation – il suffit pour être français d'être né de père ou de mère français –, soit de la naissance en France de l'enfant et de l'un de ses parents. Cependant, la nationalité française est acquise automatiquement à la majorité par toute personne née en France de parents étrangers si elle a, à cette date – c'est-à-dire le jour de ses dix-huit ans –, sa résidence sur le territoire et si elle a eu pendant les cinq années précédentes sa résidence habituelle en France. Cette disposition conduit à ce que de nombreux enfants d'immigrés deviennent à leur majorité automatiquement français, sans même parfois qu'ils le sachent s'ils n'ont pas déclaré, avant leurs dix-huit ans, devant le juge d'instance, qu'ils souhaitaient renoncer à la nationalité française.

Cette législation mal connue aboutit à des absurdités. Les enfants nés de parents étrangers doivent à seize ans se procurer auprès du commissariat de police une carte de séjour : ils sont donc étrangers. Deux ans plus tard, ils deviennent français, et n'en ont plus besoin. Se pose alors la question délicate du recensement pour les garçons en vue du service militaire. Parfois, ils ignorent qu'ils doivent le faire. Plus souvent, ils souhaitent y échapper, tout en sachant qu'en tant que français, ils se placent dans une situation irrégulière dont ils auront du mal à sortir par la suite.

Le statut juridique des enfants d'Algériens est encore plus complexe en raison des accords d'Évian qui ont introduit une distinction entre les enfants nés en France de parents algériens *avant* et *après* le 1er janvier 1963. Ainsi, dans une famille, un enfant né sur le territoire français avant la date d'application des accords est considéré comme algérien et ne peut pas prétendre bénéficier automatiquement à dix-huit ans de la nationalité française. Il lui faut, s'il le souhaite, demander à bénéficier de la procédure longue et hermétique de la réintégration par décret à la nationalité française. Un frère ou une sœur né en France après le 1er janvier 1963 est en revanche considéré comme français dès sa naissance bien que ses parents soient aujourd'hui des étrangers : pour l'administration, avant l'indépendance l'Algérie était française. Ces enfants-là sont donc considérés comme nés de parents français. (Même si jusqu'à 1962 les musulmans d'Algérie ne jouissaient pas de la pleine citoyenneté française...)

Allez donc vous y retrouver! Surtout que l'Algérie de son côté considère tous les enfants d'immigrés comme algériens. Jusqu'à la visite à Paris du président Chadli Ben Djedid, en 1983, les garçons étaient requis de satisfaire aux obligations militaires des deux côtés de la Méditerranée. Cela a conduit nombre d'entre eux à ne jamais se rendre dans le pays de leurs parents de peur d'être enrôlés de force dans l'armée. Même s'ils avaient rempli leurs obligations militaires en France, ils auraient été considérés là-bas comme déserteurs.

Le statut des jeunes au regard de la nationalité française mérite non seulement d'être clarifié, mais expliqué par des campagnes nationales, notamment à la télévision, afin de permettre aux immigrés et à leurs descendants de connaître leurs droits et leurs obligations. Et d'opter pour telle ou telle nationalité en toute connaissance de cause.

Ces jeunes, issus de l'immigration, posent aux juristes et aux politiques un problème inédit. On aurait mauvaise grâce à voir en eux des étrangers, et seulement des étrangers. Quelles mesures prendre pour accélérer leur insertion? On pourrait d'abord, pour apurer le passé, envisager de faciliter davantage encore les procédures de naturalisation. Compte tenu de ce que sont ces garçons et ces filles, de leur désir de ne pas renier leurs parents, la solution de la naturalisation n'est cependant pas forcément pour eux, et pour la France, la meilleure possible.

Cette génération intermédiaire a été marquée par l'exploitation dont ont souffert ses pères. Elle se montre à la fois désireuse de vivre en France et d'être reconnue pour ce qu'elle est. Ces jeunes hésitent à propos de leur avenir. Ils hésitent aussi à propos du choix de leur identité nationale. Ils veulent prendre leur temps pour se décider. Ils refusent à dix-huit ans de trancher entre la nationalité de leurs parents et l'autre, celle qui pourrait être la leur, mais qu'on ne les a pas vraiment préparés à embrasser.

Qu'importent leurs états d'âme, pourrait-on dire? Qu'ils prennent ce qu'on leur propose. Et s'ils ne sont pas prêts à faire l'effort, tout de suite, de se considérer comme français, qu'ils aillent... au diable.

A quoi servirait cette précipitation? A aviver le sentiment qu'ont déjà ces jeunes de ne pas être admis, compris, respectés. Pendant vingt, trente ans, on a laissé leurs familles exister à l'écart de la vie nationale. On voudrait aujourd'hui gommer comme sous l'effet d'un coup de baguette magique les dégâts causés par cette ségrégation?

L'enfer des autorisations de séjour

En réalité, les hésitations de ces jeunes sont, pour la France, une chance à saisir. Parce qu'elles sont l'expression propre d'une génération charnière, elles fournissent à notre pays l'occasion de réparer un gâchis et de préparer l'avenir. A l'égard de ces jeunes qui se sentent binationaux sans avoir pour autant la double nationalité, la France peut faire un geste de conciliation, d'invitation à construire ensemble l'avenir.

Et pour commencer, elle peut leur reconnaître un droit réel de résidence prolongée. L'attribution de la carte unique de dix ans, renouvelable pour tous les étrangers en situation régulière, est une vieille revendication des immigrés. Elle sera sans doute bientôt généralisée, et c'est une bonne chose. François Mitterrand a en effet assuré les jeunes marcheurs des Minguettes, à leur arrivée à Paris, qu'il tiendrait son engagement de candidat. Cette revendication ancienne est plus importante qu'il n'y paraît au premier regard. Et y répondre favorablement aura sans doute des conséquences différentes de celles qu'imaginent ceux qui s'y sont jusqu'à présent opposés.

Il faut comprendre ce que représente pour un immigré le renouvellement périodique de ses titres de travail et de séjour. Cette opération suppose une connaissance de textes incroyablement complexes. Les cartes, tant de travail que de séjour, relèvent de trois catégories dont la durée varie de un à dix ans. Leurs titulaires doivent accomplir des démarches à prendre sur le temps de travail. Les guichets devant lesquels s'allongent les files d'attente ne sont pas ceux où le personnel est le plus nombreux. Il faut être allé à la Préfecture de Police ou dans un commissariat pour se rendre compte que la délivrance des cartes de séjour n'est pas une formalité banale, mais une occasion de plus d'humiliation et d'angoisse. Car le renouvellement des documents administratifs provoque un sentiment profond d'anxiété : le titre de séjour sera-t-il renouvelé? La police ne trouvera-t-elle pas un prétexte quelconque pour refuser sa prolongation? En outre, la multiplicité des titres de séjour et de travail, les conditions de leur délivrance, qui n'excluent pas l'arbitraire, renforcent la division entre Français et étrangers de différentes nationalités, car certaines sont mieux traitées que d'autres. Elle introduit des situations aberrantes à l'intérieur même des familles dont tous les membres ne sont pas assurés de la même durée de séjour.

Ce système d'autorisation précaire de résidence joue à l'évidence contre l'insertion des immigrés. Ignorer, même après de longues années passées dans la même ville, si l'année prochaine ne sera pas celle du départ forcé n'incite guère à se sentir membre d'une communauté. L'éventualité de ce départ nc pousse aucune famille à faire l'effort de participer à la vie du quartier ou de la cité. L'incertitude qui pèse sur l'avenir à court terme ne les conduit pas davantage à améliorer la qualité de leur logement, à respecter leur environnement, à nouer des relations avec les voisins.

La délivrance d'une carte, qui autoriserait à la fois le séjour et le travail pendant dix ans – renouvelable – pour tous les étrangers qui vivent de façon régulière en France depuis plusieurs années, aurait non seulement pour effet de favoriser l'insertion mais aussi d'assurer aux immigrés et à leurs enfants des chances plus sérieuses de retour, s'ils le souhaitent vraiment.

Le paradoxe n'est qu'apparent. En effet, contrairement à l'opinion communément admise qui tend à considérer la carte de dix ans comme une incitation à la sédentarisation, la garantie de durée que procurerait cette carte est le meilleur moyen de permettre à ceux qu'un retour tente d'en faire l'expérience sans que le risque ne les en dissuade. On sent bien en écoutant les immigrés que ce qui rend leur retour problématique, c'est la crainte de ne pouvoir revenir en France en cas d'échec de leur tentative de réinsertion dans le pays d'origine. L'idée de ne plus pouvoir revenir empêche tout simplement de partir.

Aujourd'hui, certains enfants de l'immigration, qu'ils soient français ou étrangers, rêvent d'essayer de s'installer dans le pays de leurs parents. Pour ceux qui ont la nationalité française, la chose est impossible : on ne veut pas d'eux, sauf s'ils sont bardés de diplômes ou s'ils viennent au titre de la coopération. Pour les autres, les législations en vigueur interdisent le droit à l'erreur. Ceux qui partent ne pourront pas revenir. Si, à partir de seize ou dix-huit ans, ces jeunes gens disposaient de dix ans pendant lesquels ils pourraient tenter l'aventure, et se replier en cas d'échec, on devine qu'ils franchiraient plus facilement le pas.

La France, on l'a vu, pourrait proposer à ces jeunes d'opter directement pour la nationalité française. Cela n'aboutirait qu'à crisper davantage encore une situation délicate, car les jeunes savent bien que leur insertion dans la société française ne se résume pas à l'obtention d'une carte d'identité. Ils ont compris que ce n'est pas un hasard si dans notre langue acquérir la nationalité ne se dit pas « nationalisation » mais « naturalisation ». Se fondre dans la « nature » française, ils l'auraient sans doute bien voulu. Mais cette possibilité ne leur a pas été donnée lorsqu'ils étaient petits. Si l'on souhaite qu'un jour ils s'intègrent réellement à la société française, il faut leur laisser le temps de savoir qui ils sont et ce qu'ils veulent. Une politique d'insertion aussi bien qu'une politique du retour efficace, si l'on exclut celle de la contrainte, passent donc par l'attribution de cette carte de dix ans et l'octroi d'un droit de résidence prolongée, sans tracasseries ni arbitraire.

Pourquoi le droit de vote?

Si l'on s'achemine vers une reconnaissance de ce droit de résidence, les immigrés-étrangers demeureront toutefois cantonnés dans le non-politique aussi longtemps qu'ils ne voteront pas. Le droit de vote, au moins pour les scrutins locaux, et bien qu'il ne résume pas l'ensemble des droits politiques, revêt aujourd'hui un caractère hautement symbolique. Cette revendication des immigrés prend des allures de défi dans le climat actuel. Elle est en elle-même très positive. Car réclamer le droit de vote traduit à la fois le désir et la progression de l'insertion en cours. Accéder à cette demande serait, de la part de la France, marquer sa volonté d'encourager l'intégration, de reconnaître sa nécessité. Sans biaiser, sans recourir à des formules juridiques en trompe l'œil qui octroieraient aux communautés concernées l'apparence d'un droit et non sa réalité. (L'échec des commissions consultatives extra-municipales choisies mais non élues est là pour le rappeler.)

Il convient d'abord de répéter que les immigrés participent déjà à la vie politique au sens le plus large du terme. Ils votent à nombre d'élections de caractère social ou professionnel. La place qu'ils ont tenue dans les dernières municipales montre qu'ils constituent par leur seule présence un enjeu politique de taille. A de nombreuses reprises au cours des quinze dernières années, ils sont intervenus sur la scène politique et sociale en contraignant les pouvoirs publics à tenir compte de leur existence et à les écouter : dénonciation des bidonvilles, grèves des sans-papiers, grève générale de 1973 faisant suite aux attentats racistes, refus de paiement des loyers à la Sonacotra, manifestations contre les mesures répressives de la fin du septennat de Valéry Giscard d'Estaing, grandes grèves de l'automobile et enfin marche des Beurs... Ces manifestations ont souvent dérouté le monde politique et syndical. Elles ont montré qu'on ne pourrait plus longtemps ignorer ceux qui s'exprimaient ainsi.

Considérés avant tout comme des travailleurs, les ouvriers étrangers ont vu progressivement reconnaître leur « citoyenneté » dans l'entreprise. Depuis 1972, ils disposent du droit de voter et d'être élus aux élections des délégués du personnel et des comités d'entreprise. Depuis 1982, et bien que la justice prud'homale soit toujours rendue « au nom du peuple français », ils sont électeurs aux conseils de prud'hommes. En 1983, ils ont participé à l'élection des représentants aux conseils d'administration des caisses de Sécurité sociale. Le droit de vote politique demeure donc la dernière bastille, le dernier fortin qui les sépare de la citoyenneté. On avait cru que ce verrou sauterait avec l'arrivée de la gauche au pouvoir en 1981. En 1984, le moment approche où il faudra bien trancher et répondre clairement des engagements pris.

Pourquoi le droit de vote? Et pourquoi seulement aux municipales? La participation aux élections n'est pas la seule clé de l'insertion. Les harkis, certains ressortissants des départements d'outre-mer, le quart monde de nos grandes villes se situent à la périphérie de la société civile. Ils ne pèsent pas sur ses orientations, bien qu'ils jouissent de la plénitude des droits civiques. L'accès au bulletin de vote ne garantit donc pas l'insertion. Mais elle la facilite. Si les socialistes ont dès 1978 proposé la participation des immigrés aux élections locales, c'est parce qu'ils ont constaté combien il devenait difficile de gérer les affaires municipales au mieux des intérêts de tous, alors que 20 %, de la population et parfois davantage ne participaient pas au débat institutionnel. La montée des tensions et de l'intolérance a encore accru ces difficultés. Les questions brûlantes du logement, de l'école, de la qualité de la vie pourront être plus facilement discutées et résolues quand les immigrés, grâce à leurs votes, feront prendre en considération leurs besoins, là où ils résident.

Plus fondamentalement, la reconnaissance du droit à l'expression politique est une juste contrepartie à la pérennité du séjour des immigrés, à l'enrichissement commun auquel ils ont participé. C'est ainsi que l'entendent les Beurs qui, aujourd'hui, réclament pour eux-mêmes et leurs parents ce droit nouveau et révolutionnaire.

Le chemin de la reconnaissance

L'octroi du droit de vote aux étrangers se heurte cependant à une impressionnante série d'obstacles. Le premier est d'ordre juridico-culturel : notre conception de l'État-Nation a presque constamment confondu nationalité et citoyenneté. Excepté entre 1790 et 1793, où les étrangers ont eu à la fois le droit de vote et celui d'être élus – comme le furent Thomas Payne, Américain de Philadelphie, représentant le Pas-de-Calais à la Convention, ou Anacharsis Clootz, Prussien et député de la Saône-et-Loire. Autre exception : la Commune de Paris, en 1871, où des étrangers furent nommés ministres. Hormis ces périodes de grand chambardement, les droits politiques ont toujours été considérés comme le privilège des nationaux, la contrepartie de leurs devoirs à l'égard de l'État. C'est pour cela que la rupture du lien établi entre nationalité et citoyenneté apparaît comme scandaleuse à certains qui considèrent qu'on ne peut confier la désignation des représentants politiques à des femmes et à des hommes n'ayant pas fait acte d'allégeance envers la France. Ou disposant du privilège exorbitant de participer de la souveraineté de deux nations. En réalité, ce sont deux conceptions du droit qui s'affrontent, l'une fermée, l'autre ouverte. Cette dernière, quand elle prévaudra, indiquera que « le caractère de dangerosité potentielle dont l'étranger est souvent qualifié s'estompe au profit d'une volonté de solidarité nationale [1] » vis-à-vis des étrangers résidant depuis longtemps dans le pays.

1. Jacqueline Costa-Lascoux, « Les droits politiques des immigrés », in *Études*, Colloque des 5-6 décembre 1981.

Le second obstacle sur le chemin de la reconnaissance des droits politiques des immigrés est de nature juridico-politique. Le lien entre nationalité et citoyenneté politique est en effet inscrit dans la Constitution. Pour le rompre, il faut réviser celle-ci. Or, pour modifier la Constitution de la Vᵉ République, on doit obtenir des deux Assemblées, Sénat et Assemblée nationale, le vote, en des termes identiques, d'un projet de loi constitutionnel. Ensuite, sa ratification, soit par le Congrès à une majorité des trois cinquièmes, soit par référendum. On imagine mal aujourd'hui que la première étape puisse être franchie aisément : la majorité du Sénat ne semble pas prête à adopter une telle réforme, au moins dans l'état actuel d'inexistence du débat. On se souvient d'ailleurs que c'est le Sénat, déjà, qui sous la IIIᵉ République s'opposa sans faiblir au vote des femmes.

Le troisième obstacle est de nature plus spécialement politique : une partie de l'opinion est hostile aux immigrés. Le droit de vote apparaît comme une faveur, qu'un gouvernement ne saurait octroyer sans avoir longuement préparé les esprits, sans s'être entouré de toutes les garanties nécessaires, et sans avoir cherché à obtenir des contreparties. Les arguments avancés pour soutenir ce point de vue sont extrêmement nombreux. Peut-être conviendrait-il, avant d'accorder aux immigrés des droits qu'ils n'ont pas encore, de leur laisser le temps d'apprendre à exercer ceux qu'ils ont depuis peu, comme celui d'association. Ou encore d'exiger des pays d'origine la réciprocité pour les Français résidant sur leur territoire. On affirme également que, dans leur majorité, les immigrés eux-mêmes déclineraient l'offre qui leur serait faite... Ces objections méritent d'être entendues, et patiemment réfutées. Encore faudra-t-il être convaincant.

Une autre critique possible doit également être envisagée : accorder le droit de vote pour les seules élections municipales, n'est-ce pas être en retard sur l'histoire, n'octroyer qu'une parcelle de citoyenneté? L'argument selon lequel les immigrés doivent pouvoir voter localement parce qu'ils paient des impôts locaux vaut aussi au plan national, puisque ces familles paient également des impôts à l'État. La Suède qui a donné le droit de vote aux immigrés – pour les élections locales, sous réserve d'un séjour de trois ans – n'est-elle pas en train de l'accorder pour les élections nationales? La promesse faite aux étrangers, et qui figure dans le programme du candidat François Mitterrand, ne constitue-t-elle pas le début d'un engrenage dangereux? Comment s'assurer que ce droit, exercé au plan local, ne conduira pas rapidement à autre chose?

La seule réponse que l'on puisse faire à cette question, c'est qu'il est trop tard pour la poser. Depuis vingt, trente ans, la France aurait pu mettre en place une politique d'immigration permettant de recruter dès le départ des immigrants, et non des immigrés. L'accession à la citoyenneté se serait faite alors sans heurts, comme aux États-Unis. Les pays d'Europe, pour des raisons propres, ont tous choisi une autre voie. C'est pourquoi, à l'instar de la France, ils envisagent maintenant de reconnaître à leurs immigrés une citoyenneté partielle, qui constitue sans doute un palier. Tel est aujourd'hui le cas de l'Irlande, du Danemark, des Pays-Bas et même de la Suisse pour deux de ses cantons. En Norvège, c'est déjà fait.

Le gouvernement français, tenu par la promesse du président de la République, doit s'expliquer. Il faudra bien que le débat finisse par s'instaurer. Nous n'en sommes plus aux discussions philosophiques, la question du droit de vote est devenue politique. En 1986, environ 1 million de nouveaux jeunes électeurs, enfants d'immigrés mais déjà français, auront le droit de voter. Ils sont dans leur immense majorité désireux de voir accordé à leurs communautés l'exercice des droits civiques municipaux. La gauche n'a aucun intérêt à les décevoir ni à les tromper. Ce signe de reconnaissance, ils l'attendent.

Le débat national sera difficile, mais qu'au moins il ait lieu! Il permettra d'aborder les aspects pratiques de l'application de ce droit nouveau. Par exemple, l'incidence du vote des immigrés sur les élections sénatoriales, dans la mesure notamment où les élus municipaux concourent à désigner les sénateurs. Est-ce vraiment si gênant? Les Français de l'étranger, dont beaucoup ne résident plus sur le territoire depuis de longues années et qui ne paient pas d'impôts à l'État, désignent bien des sénateurs... Que des immigrés qui paient des impôts ici depuis plus de cinq ans contribuent à l'élection du Sénat, est-ce si choquant?

On peut surtout espérer que ce droit de vote municipal fera taire les tentations racistes et xénophobes au sein des grands partis : tous auront besoin des voix des immigrés, boucs émissaires aujourd'hui, électeurs demain. La différence est de taille. Cela peut être un facteur durable de paix entre les communautés.

Pour s'engager sur cette voie, la seule raisonnable, il faut du courage politique. On ne construit pas l'avenir en ayant le regard fixé sur les sondages, on le construit en agissant selon l'intérêt national. Ce défi est à la mesure de la gauche.

Conclusion

Dans l'Europe des Dix, l'immigration constitue aujourd'hui une onzième nation de quelque 13 millions d'habitants. Partout, en Grande-Bretagne comme en Belgique, en Allemagne fédérale comme aux Pays-Bas, ces travailleurs et leurs familles se sont sédentarisés. Partout, une fraction croissante de l'opinion leur manifeste de l'hostilité. Partout, des partis d'extrême droite, ou la frange extrémiste des partis conservateurs, servent de relais politique à cette xénophobie. Partout, le racisme, qui est encore un délit, est en passe de devenir une opinion.

Le refus d'accepter que le tissu social national soit transformé par l'insertion progressive de ces immigrés est à la fois irréaliste et irrationnel. Il n'en est que plus difficile à combattre. Les moyens et les méthodes que la France choisira d'utiliser concernent toute l'Europe. Aussi bien pour le présent que pour l'avenir. Car notre continent, dans son ensemble, devra d'ici à la fin du siècle accepter d'ouvrir à nouveau ses frontières. Sinon, il déclinera inexorablement.

Si nous avons dans ce livre beaucoup parlé des Maghrébins, c'est bien entendu parce qu'ils forment en France la communauté immigrée la plus nombreuse. Mais surtout parce que originaires du tiers monde, héritiers d'une civilisation forte et rivale de la nôtre, imprégnés d'une tradition religieuse vivace, le choc culturel qu'ils provoquent à travers l'Europe est la répétition générale d'une pièce qui n'a pas fini de se jouer. Le monde comptera 6 milliards d'habitants en l'an 2000. 6 milliards d'êtres humains dont l'immense majorité sera misérable, affamée, piétinant aux portes des nations les plus favorisées. Le voudrait-elle, comment l'Europe pourrait-elle garder éternellement la porte close et le verrou mis?

Le cheminement par lequel un pays comme la France acceptera de devenir une nation faite de communautés solidaires, riches de leurs différences de peau et de culture, intéresse l'Histoire. Les mêmes efforts d'adaptation, d'imagination, de tolérance seront demandés à tous les pays européens. Les mêmes crispations devront être surmontées par nos voisins et par nous-mêmes.

Parce que la nature des peuples est ainsi faite, on peut présager que les immigrants des décennies à venir connaîtront, pour le meilleur comme pour le pire, le sort de leurs prédécesseurs. Et que les derniers « insérés-intégrés » verront dans les nouveaux arrivants des envahisseurs menaçant l'identité d'une France mythique. Ce jour-là, les Beurs seront devenus des beaufs. Mais ils auront frayé le chemin. Et on pourra dire, en racontant leur histoire : voilà comment on devient français.

Table

Avant-propos de Françoise Gaspard 7

I. *La grande illusion* 16

Pourquoi sont-ils venus? 17. – La noria des pauvres, 19. – Des immigrés qui deviennent immigrants, 22. – Du bidonville au béton, 26. – L'irrésistible sédentarisation, 30. – Arrêter les clandestins, 33. – L'an prochain... au pays, 35. – Ceux qui repartent, 38. – Émigrés des deux côtés, 40. – « Si mon mari rentre, moi je reste », 42. – Des femmes sous influence, 44. – La seconde génération n'existe pas, 47. – L'impossible retour, 52.

II. « *La France aux Français!* » 56

Drôle de campagne, 58. – Des rumeurs infâmes, 61. – Les Asiatiques arrivent! 63. – Derrière le racisme, l'extrémisme, 67. – Des idées qui viennent de loin, 70. – Juifs et métèques, comme avant guerre, 73. – La droite gangrenée, 77. – La gauche dans l'embarras, 81. – Des pas de clerc, 84. – Des images qui dérangent, 87.

III. « *Ces gens-là volent notre pain* » . . 91

Les péchés capitaux de l'immigration, 94. – Et s'ils partaient? 97. – Au fait, combien sont-ils? 102. – Un immigré de moins, un chômeur de moins? 105. – Ils financent aussi les régimes sociaux, 108. – Des comparaisons insoutenables, 112. – Combien coûte le racisme? 115. – Tous des délinquants? 117. – Être bronzé, un délit, 122. – La peur de ceux qui font peur, 127. – Quand les beaufs tirent sur les Beurs, 130.

IV. *« On voit bien que vous ne vivez pas avec eux »* 135

Logement : le prix de l'imprévoyance, 137. – Derrière les barres, les tours, 141. – Regroupement ou dispersion? 146. – Le seuil de l'intolérance, 149. – Neuilly, Aulnay, deux poids deux mesures, 153. – Agir vite, 156. – Attention, école! 159. – Échec scolaire, échec social, 163. – L'éléphant et le lièvre, 167. – La génération zéro, 171. – L'école française peut-elle être plurielle? 175. – Former les jeunes exclus, 177.

V. *Le temps des Beurs* 180

Assimilation, intégration, insertion, 183. – Sans eux la France vieillit, 185. – La génération sacrifiée, 188. – « Rengainez, on arrive », 191. – Naissance de l'immigritude, 192. – Naturalisation, trahison? 197. – Des Français qui s'ignorent, 200. – L'enfer des autorisations de séjour, 203. – Pourquoi le droit de vote? 206. – Le chemin de la reconaissance, 209.

Conclusion 213

IMPRIMERIE SOCIÉTÉ NOUVELLE FIRMIN-DIDOT
AU MESNIL-SUR-L'ESTRÉE
DÉPÔT LÉGAL MARS 1984. N° 6758 (0528).